年年翻倍！
多空都贏的
飆股投資法

股市阿水——著

目錄
CONTENTS ——

Chapter 1
跌倒？是因為你沒搞懂股市運作真相

Chapter 2
搞懂這些，投資不失分

Chapter 3
何時進場、何時賣？
大盤紅綠燈法判斷很簡單！

Chapter 4
做多：三招就能使用一輩子的阿水一式

Chapter 5
做空：阿水二式讓你穩穩賺

Chapter 6
正確思考，助你選股更清明

我的創意魂與教育魂

當阿水粉絲專頁的人數愈來愈多、當我開班授課、當媒體報導阿水一式時……開始有人好奇我的成長背景和經歷。但我始終認為,隱藏在學經歷背後的思維及態度,才是啟發及激勵我前進的關鍵。

首先,我跟大家一樣都是從上班族開始做起。

出社會後,第一份工作是以電腦裝機維修為主,擔任工程師,當時必須開著公司的手排車出差各地裝修電腦。

在我之前,同事大約一天裝機三、四台,但我總是抱持著「愈早幫客戶裝好,客戶愈能盡快工作」的心態,這一家裝完就馬上往下一家跑,每天總能裝到六、七台。

有一次到南部山區,老舊的手排車不敵碎石山路(也可能是被我操得太凶),回程時突然冒起白煙,我只好趕緊將車子停下,待降溫後再慢慢開回公司。回到公司時,經常已是晚上七點,老闆都覺得我實在是太耐操、太好用了。

這也就是爲什麼我才三十歲不到，就可以做到那斯達克上市公司的 IT 主管。

我的人生沒有退路，因此我從不浪費時間，投資也是。

很多人聽到我的投資經歷及年齡後，都覺得我太年輕。

請問：「爲什麼認爲投資一定要到四、五十歲才有經驗？」

你只要做得好、做得正確，幾歲都可以成功！

我從 2015 年 2 月開始寫看盤日記，一開始的粉絲只有六個（就是爸爸、媽媽、親朋好友加麻吉共六個人按讚），接著再找第二線好友，變成三十幾個。

至今，「財經狙擊手—股市阿水」粉絲專頁已有將近六萬人追蹤，而除了前面三十多人外，全都是我不認識的陌生人。

我的看盤日記有三個堅持：

❶**我絕對不刪文。**不論我寫得正確與否，絕不會

因為今天講得不準，之後就把它刪掉。

❷**我絕對不「再編輯」文章。**不會原本寫得很肯定，結果不對了就趕快改，因為臉書有編輯紀錄，你以前寫過的文字不會消失（除非你刪除它），我的看盤日記每一篇都在，每一篇都沒有改過。

❸**講錯了一定會跟大家道歉。**我會跟大家說不好意思，當時的判斷可能不太對，絕不硬拗找藉口。

我用正統的方式寫看盤文章，到本書定稿為止已經三年八個月，粉絲人數持續增加，證明了投資和年紀一點關係也沒有。

所以，投資和年紀無關，只和你「看不看得清楚」有關，一旦你看得清楚，從幾歲開始都不晚。你十九歲看得清楚，就從十九歲開始做；二十五歲或五十歲才看得清楚，就從那時候開始做。

教學也是，我不會因為自己年輕就覺得不好意思教學，因為我知道自己的研究方式真金不怕火煉；同時，我也認為，這麼棒的方法如果可以讓更多人學習、讓大家受惠、讓原本以為沒有路可走的人找到一條路，何必藏私？

夠了解自己，就是邁向成功的基礎。

我了解的自己是：有創意、肯吃苦耐勞、腳踏實地、喜歡幫助人、注重邏輯、重視風險、希望跟大家一起變好。

藉由本書，我將「**大盤紅綠燈判斷法**」「**阿水一式**」「**阿水二式**」不藏私的呈現，送給有緣的讀者朋友們。感謝你購買本書，希望你在看了這本書之後，在股市中不再跌跌撞撞，找到最適合你的投資方法。

Chapter 1

跌倒？是因為你沒搞懂
股市運作真相

有一首歌的歌詞寫到：「想念是會呼吸的痛。」

投資人則說：「投資是會呼吸的痛。」

股市，是個投資老中青三代都會跌倒的市場，

不同的投資階段，遇到的問題都不同。

而這些問題來自於：你從來不知道股市運作的真相！

⬆️ 投資老中青，問題大不同

不論是粉絲專頁／社團，或是演講授課，我最常被問到下面幾個問題：

「爲什麼買了就跌、賣了又漲？」

「A 老師說他的方式好，B 老師的好像也很厲害，到底要跟誰學？」

「這個方法明明用很多年都 OK，怎麼最近一直失靈？」

我發現，投資年齡不同，問題也不盡相同。

剛接觸股票投資的年輕人遇到的問題大都是：

❶**市場上這麼多技法與門派，我該師從何人？**每個人都把自己講得好像投資之神，而市場上大部分的人卻說，真正賺錢的人不會出來教學，但為什麼跟他學完的人，有些人賺錢，有些人卻在賠錢？到底這方法適不適合我？我又該怎麼判斷這個人教的東西是真是假？

❷**各派相爭，究竟該聽誰的？**教學者也大都文人相輕，這門派說別人的不對，那門派說該這樣才會賺，又有人出來說，你們統統都錯了，要跟著我這樣做才對！

❸**投資學習，股海無涯**，一會兒要看懂財報，一會兒要看懂技術分析，不然就是要會看產業未來走勢，甚至還有學不完的各派老師之武林絕招與神奇指標，好像沒學完整，在股票市場就一定會賠錢。

至於已經在股票市場操作有一段時間，超過三、五年的人，若還沒被市場淘汰，大都會有自己的一套方法跟信任的門派操作方式，但這不代表在股市裡已

經可以橫行無阻了，因此會遇到下面這些問題：

❶是否該相信自己的判斷？例如：已看好某一檔股票的走勢，但現在股價的實際走勢跟自己的判斷不同，無法決定此刻應該相信自己，還是相信市場才是對的那一個。換句話說，對自己的判斷中帶著信心卻也帶著害怕的心情。若以做多股票來說，投資人常常在雙邊糾結——現在該逢低多承接一些，趁股價便宜時多進點貨，等市場還股價公道時就能有不錯的獲利？還是，現在的走勢代表我看錯了，該放棄自己的看法，以市場為準？

❷對於市場上的各路消息，無法衡量重要性的高低。例如：一檔股票曾因為訂單不如預期，股價大跌，投資人曾因為這件事情受過傷，所以後來只要看到財報營收開始小小衰退、不如預期，就急忙出場，但後面股價又漲上去，而手上的持股已經賣掉了，追也不是，不追也不是，想等它回來再買進，但股價已經一去不回頭。最後發現每一檔股票對於每一種市場消息的反應都不太一樣，有時是利空不跌，有時卻是利空狂崩；有時是利多不漲，有時卻是利多一出來就狂漲，抓不到市場訊息的重要性。

❸投資久了似乎都是在「窮忙」。曾經賺過錢，一路下來卻不覺得自己賺了多少錢，好像在股市裡打工，而不是在股市裡創業。

到底有沒有可以輕鬆一點的方法？
或者，更快一點的方法？

以往，我遇到聽眾、學員在演講或課後來問我時，總是因為時間不足或後面還有不少朋友等著發問，常常一言難盡，但那並非我不願意花時間分享如何避免虧損，相反的，大家遇到的問題，也都曾是困擾我的問題，而以上那些問題都能歸納成一個最根本的原因——「你沒搞懂股市運作的真相。」

股市運作的真相

股市運作的真相又是什麼？其實拆開來看就是三件事：

❶本錢

❷時間

❸態勢

❶股市投資最重要的是「本錢」

一旦沒了本錢，即使看得再正確，技法百發百中，都沒有用，因爲你沒有本錢投資。

「這句話不是大家都知道嗎？」或許，你的心中正這樣想；但其實，許多人並不知道本錢的重要性。

很多人的投資行爲是這樣子的：拿出自己的部分薪水或年終獎金，買進一支看好的股票，但看好之後卻虧損，可能當初的 50 萬只剩下 25 萬，最後只能認賠殺出，或者乾脆不要賣就不算賠，不足的部分，再拿明年的部分薪水或年終獎金進來投資市場玩。

此時，你的本金已經無法靠下一次投資塡補，只好再拿外面的錢來塡這個坑。

若以我自己實戰的經驗，我非常清楚市場在多頭與多空交戰，以及空頭時，各個股票的波段漲幅平均值跟中間值。你得非常清楚這個數字，才有辦法對你

的本金做投資規畫。若你的持有波段時間落在一至兩個月，你首先得很清楚一件事：台股的大部分個股，在一兩個月當中，前段班的漲幅是多少？平均漲幅是多少？中間值又是多少？

以台股為例，如果台股加權指數在 2018 年 5 月到 6 月中之前的表現並不差，此時台股前段班的波段漲幅，我會抓前 30 名來看。

這時候的台股屬於短強勢的型態，台股的一個月波段漲幅，強一點的個股甚至會漲到 50%。下頁圖表就是以 6 月 22 日往前推算二十天的台股排行榜。

此時問題就來了，各位朋友可以打開上述股票在 2018 年 6 月初的型態，或者財報，或者你所使用的選股方式，請判斷一下，在台股出現這麼多強勢個股的時段中，前 30 名的平均漲幅大概也就落在 50%，這當中還要考慮你抱不抱得住？

那麼，如果你習慣性的把自己的持股，虧損到 30% 才停損，基本上就本金的角度而言，你已經是穩輸不賺了。接著請看第 25 頁圖表。

代碼	商品	成交	漲幅%	總量	過去 20 天漲幅排行榜	排行名次
執行日期：2018-06-22		01:13 符合檔數（1670）				
5304	鼎創達	5.89	9.89	292	152.79	1
3025	星通	35	3.09	1301	105.88	2
4513	福裕	18.95	9.86	7673	105.31	3
5906	台南 -KY	19.7	2.07	36	94.09	4
2375	智寶	88.2	9.98	7840	89.47	5
8261	富鼎	54.8	4.38	2725	87.03	6
6155	鈞寶	38.05	9.97	4036	83.37	7
2413	環科	38.35	0.66	1496	82.19	8
2302	麗正	10.9	1.87	1564	80.46	9
6127	九豪	39.2	4.39	2676	78.59	10
5328	華容	19.2	2.13	3524	77.78	11
6435	大中	174.5	9.75	7391	77.16	12
8043	蜜望實	70.4	3.53	7808	75.78	13
6432	今展科	32.55	9.05	923	72.22	14
6174	安碁	23.75	-4.81	5251	70.86	15
5345	天揚	12.05	-3.98	944	70.2	16
4944	兆遠	21.7	-0.69	5660	63.77	17
2424	隴華	38.55	3.91	16	59.3	18
3707	漢磊	41	8.61	19110	58.3	19
8163	達方	84.8	1.07	17862	58.21	20
5299	杰力	143	10	3368	57.14	21
5455	昇益	15.5	-3.13	2	56.57	22
2349	錸德	17.95	0.84	85380	55.41	23
3693	營邦	50.5	-0.39	123	55.15	24
8097	常程	18.25	9.94	264	54.66	25
5302	太欣	12.5	1.63	2697	53.94	26
2340	光磊	33.4	9.87	76778	51.47	27
3504	揚明光	134.5	-5.28	5807	50.78	28

2018 年 6 月 22 日往前推算二十天的台股排行榜。

本金（萬）	虧損百分比	下一次投資 必須獲利的百分比
100	5	5.26
100	10	11.11
100	20	25
100	30	42.86
100	50	100
100	60	150
100	70	233.33

　　假設你有 100 萬，當你設定自己的停損點是每虧 5％就停損，留下 95 萬，那麼你下一次拿這 95 萬，只要獲利 5.26％以上，就有機會回到你的本金水位。

　　用這個方法來對照上表，如果你 100 萬的持股已經虧損到剩下 50 萬，下一次你只剩 50 萬能投資，那麼，想回到本金水位，你下一筆必須獲利 100％才是不賺不賠。而這還沒計算你是否用融資槓桿，以及手續費，還有交易稅。

　　所以，在前文曾提到的，既然全台股漲幅在這一個月，前段班的漲幅大概也才 50％，你用查表的方式

來看，你的本金停損點，如果設定在虧損 30％才要停損，那麼下一筆獲利就必須是 42.86％以上。

但若你的投資方法，根本就不能在市場中選到漲幅較大的股票並持有，不就正好代表「你的虧損是你獲利的股票所永遠無法追上的」，那麼本金當然會愈來愈少，於是就會像我以前一樣，一直把薪水匯入投資的帳戶內。

看到這裡，各位讀者現在是不是對於自己為什麼會穩輸不賺，毫不意外？

即便，投資人認為，如果把投資持有的時間拉長，是不是個股的漲幅就會比較大？漲幅大的股票也會比較多？

把持有股票的時間拉長，確實有機會選到更多股票，漲幅也會更大，不過我在這裡想強調的是，獲利跟持有股票的時間長度並沒有絕對的關係。

我習慣持有個股的時間約一至兩個月，所以我專注的是台股持有一兩個月的數據資料。當投資人把時間拉長，或者即使把本金切分成不同等分，這樣的本金問題依舊存在：「你持有股票一年，虧損了 30％，同樣也代表你必須找到下一筆能獲利 43％以上的股票，

而如果想長期持有，那麼到底要持有多久，才能有這樣的獲利呢？」

各位已經有投資經驗的朋友們，請看看過往自己的對帳單，是不是有這樣的獲利水準？

換句話說，本金虧損程度的大小，不是大家隨便定義自己的本金能有多少虧損，而是必須根據你自己的平均獲利，還有你的投資勝率，去計算出你能承受多少的虧損；而這樣的虧損，能藉由之後幾次的獲勝，至少把本金贏回來，如此一來，投資才是把本金愈滾愈大，而不是打造一個無底洞。

以我自己操作台股這些年的經驗來看，台股在好的漲幅時期，大約表現都跟上述的表格接近，也就是前 30 名平均漲幅落在 40％～ 50％，很難有比這個更強的漲幅。而台股在表現比較弱的時期，前 30 名的漲幅只會剩下 20％～ 25％左右，例如：台股於 2018 年 5 月中就是這種狀況（請參照第 28 頁個股表現）。

再更深入去探討台股的真相，如果我們有辦法，知道台股接下來會比較強勢還是比較弱勢，就能調整自己停損點的大小；在比較強勢的時候，把停損點放大一些，這樣才能耐得住股價的上下波動，也不用太

代碼	商品	成交	漲幅%	總量	過去 20 天漲幅排行榜
執行日期：2018-08-31	23:16 符合檔數（100）				
2492	華欣科	314.5	0.64	18813	114.78
5321	友銓	47.1	-1.67	29	101.1
4609	唐鋒	13.75	0.73	180	76.44
3026	禾伸堂	179	-0.56	4732	72.76
2327	國巨	698	0.29	8216	62.34
2349	錸德	11.3	1.35	17253	60
8043	蜜蜂實	64.9	0.31	3179	57.94
2478	大毅	78.7	-1.63	8834	53.38
6153	嘉聯益	50.9	-0.97	13106	52.59
4190	佐登 -KY	116.5	-0.43	729	51.02
6212	理銘	44.75	-0.89	14	49.46
8932	宏大	10.05	0	55	45.83
8163	達方	59.1	-0.67	13297	45.35
6615	慧智	124.5	-1.19	146	44.5
6173	信昌電	97.5	-1.32	7389	43.1
2601	益航	10.45	1.95	3100	42.55
3016	嘉晶	60.9	-0.16	3244	37.6
3537	堡達	29.85	-0.33	150	37.1
2364	倫飛	3.87	1.04	17	33.11
4147	中裕	228.5	1.11	1396	31.52
2338	光罩	31.95	1.11	2533	30.29
3285	微端	25.3	-0.78	3335	30.29
5344	立衛	8.53	1.43	101	28.77
6196	帆宣	62.6	1.13	348	28.47
6560	欣普羅	51.7	-0.77	68	27.78
6477	安集	24.25	-1.02	4948	27.25
5465	富驊	24.4	0	75	26.41
6182	合晶	47.25	-0.53	16065	25.93

擔心，因為市場上依舊有其他強勢股，即使這筆投資虧損了，其他的獲利也是有機會補回來的。

而在比較弱勢的時候，因為強勢股不多，如果停損點放得太大，虧損沒辦法靠市場上其他強勢股補回來（市場根本沒有漲得多的個股，要怎麼補？），那麼縮小停損點，當市場與我們的判斷不同時，此時就不要再堅持己見，而是應該盡快停損出場。

而要判斷大盤是相對強勢或弱勢，在後面的章節，我會提供方法給各位。

❷獲利，需要「時間」

之前提到的，是以一個月來看，但我也看過很多投資朋友，把投資當成是一個發財及解決自己生活困難的方法。的確，搭上時機，確實會有不少人能靠投資翻身，但許多投資人在接觸股市時，常常是市場已經來到了高點，因此，當你很急著想在市場上翻身時，你會不知道該給一檔股票多少時間，而又該設定多少停利點才是好的。

一急了，市場明明沒有這麼多飆股，你卻不斷的

在市場中嘗試獲利，或者嫌你買的股票漲得不夠多、不夠強；但若你把市場當成是一個大池子，當這池子裡根本沒有 100 斤的大魚存在時，你又怎麼能幻想著靠釣上一條 100 斤的大魚來翻身呢？

這時候你會懷疑，是不是自己的操作方法有問題了？是不是該跟別的老師學功夫了？是不是這個老師的本領不行了？但其實是你自己不知道真相——獲利是需要時間的。

以台股的波段漲幅來說，幻想自己能在一個月就賺上一倍，一年翻上 10 倍，那都是緣木求魚，因為台股根本沒有這麼大的大魚，又要怎麼出現這樣的漁獲呢？

❸股票「態勢」跟本金一樣重要

股票的態勢，跟本金的真相重要性不相上下。

如果你習慣操作的是一些被嚴重低估的股票，那麼你必須知道，這樣會被低估的好股票，需要多長的持有時間，才能形成獲利的態勢。

舉個例來說，我非常清楚台股在強勢時的一個月

操作長度，台股的前幾名漲幅，都是會以我研究的「阿水一式」方式在起漲。

如果你將第28頁圖表中的股號查詢一下，會發現，以一個月的持有長度來說，台股前段班的股票，大部分都是強者恆強，創新高之後再創新高。而習慣撿便宜被低估的股票，就得把這樣的資料拉長到三個月、六個月、甚至是一年以上來看，檢查是不是股價被低估的好股，能藉由拉長持股的時間，把起漲的態勢做出來。

如果你的持有時間與股價起漲態勢該有的預備時間不同，例如：你習慣持有六個月就受不了，但股價要還它公道，通常需要一年。不就代表台股的走法根本沒辦法符合你的操作步調嗎？那麼，這樣選股態勢的方法，也就根本不適合你，不是嗎？

總結來說，當你把本金、時間、態勢拉出來看，你會發現它成為一個三角形，息息相關又缺一不可。

留下本金，才有機會再贏回來

當你看到這裡，了解這三件投資真相的重要性後，請再回過頭來看看最前面那幾個困擾你的問題。

新手在接觸各類買股操作方法時，首先要看看這個方法所選出來的股票，根據之前寫的停損百分比與平均停利百分比，是否獲利能補上試單錯誤的獲利？如果可以知道每投資幾次，平均約有多少勝率，只要獲利夠高，停損的百分比合理，勝率只需要「穩定」即可，而不用一直追求投資聖杯，追求那八、九成的勝率。

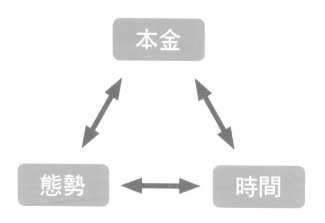

本金、時間、態勢三個環節息息相關。

至於所謂的神奇指標、神奇參數，終究還是逃不開這三件投資真相的要素。因為，不管講得多神奇，都要符合數學邏輯，不是嗎？

　　而比較有投資經驗的朋友，應該就會了解到，不管現在市場消息告訴你有多看好未來，只要震盪還不到停損點，都不該被訊息影響而出場。但如果股價已經來到了你應該停損的價位，即使市場消息告訴你再忍忍，快還你公道了，你都應該避免讓自己陷入「現在不砍，以後絕對砍不下手」的情況。

　　當你放棄做停損，也就等於放棄了這筆本金的全部，因為你勢必得從外圍再補本金進來投資市場，這與我們想要愈玩本金能愈大的目標是不同的。

　　換個角度來說，如果你還沒學習到這本書的選股方法，看到這裡，你已經可以應用這章提到的技巧，了解自己現有的投資方法是否可行，而你也會發現，市場上的消息是追不完的，是不是利多出盡或利空出盡，不在於對消息的判斷，而是消息出來的時候，你的持股成本能不能支援你繼續等待下去。

　　若虧損已經放大到連後面也補不回來的情況，不論市場消息如何看好，都寧可先出場觀望。

Chapter 2

搞懂這些，投資不失分

如果，你有下列的情況：

☑ 每天下班回家吃飯後，就進書房開始研究股票，希望給家人過好日子，卻失去家庭生活？

☑ 賣出的股票總是愈漲愈高，沒賣的反而愈跌愈低？

☑ 經常一下賺一下賠！

☑ 賣出股票了，接下來呢？

那麼，你需要先校正頭腦，灌注新思維，了解你要的到底是什麼？

只要核心對了，做什麼都對！

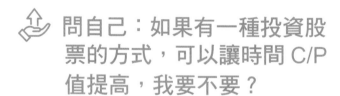 問自己：如果有一種投資股票的方式，可以讓時間 C/P 值提高，我要不要？

我非常重視 C/P 值。

或許是小時候親身經歷家境由富轉債的情況，使我只要有時間，就會思考兩件事：

「接下來我要做什麼？」

「我要怎麼做，才會讓我的人生更好？」

我是南部私立五專畢業的，算不上是很好的學歷，也不知道出了社會之後能做什麼？一年級時看到學長們回校聊職涯，多半是從事技職人員的工作。此時，我開始思考：我要這樣庸庸碌碌過一輩子嗎？

「不！我得給自己有更多的選擇。」

於是，我告訴自己，即使是打工，也要想辦法讓我的錢變大，同樣的時間投入，要盡可能提高 C/P 值。

第一份打工是在 YMCA 教游泳，一開始從助教當起，時薪是 150 元，在那個年代是很不錯的薪水，但我非常勤勞又很懂得與小孩子互動，很快就升到主教練，薪水立刻跳一倍，一個小時 300 元。當時，我非常拚命，下課後就是到 YMCA 教小朋友游泳，從三歲到五歲我都教，暑假期間更是早上十點就開始泡泳池，一直教到下午六、七點才結束。

當然，我也可以去 7-11 或加油站打工，但是同樣的時間，教游泳的薪水遠比到小七或加油站來得更高，看重時間 C/P 值的我，對於「如何在最短時間內賺最多的錢」非常重視，也因此，經由 YMCA 的打工存了

一筆錢。

接下來，我開始自學電腦，自學寫網頁。

當時名為「烘培雞」（Homepage）的網頁才剛開始熱門，企業都想要架網站，在精通的人並不多的情況下，網站一頁就要 2000 元，整個網站架好可能要 20 萬。看到這一個市場潛力，我便自學 Dreamweaver 和 Frontpage，並開價「整個網站全包 5 萬做到好」。有了第一個客戶的成功經驗後，案子就一個接一個，我也因此存到 30 幾萬元。

我是一個目標導向的人，想要，就會去衝，這樣的個性造就了我不服輸且喜歡不斷思考的個性，一旦知道自己能夠做到，就會繼續思考我想要做什麼。

第一份工作一年後，我接觸到一個讓我驚喜的賺錢方式：投資股票。

出社會近一年後，我在生日前夕以自己的選股方式，把一年工作存下的錢，加上打工時的存款，買了 6 張「科風」。買進時，科風是 53 元，不到一個月就漲到 156 元，根本是兩年的薪水啊！

就在我還未賣出科風時，股價卻下跌，我心想，

這應該是主力洗盤，所以就依然放著不動。就這樣看著它一路下跌，到我賣出股票時，只有小賺 1 萬元。哎！如果在 156 元時賣出，就能賺將近 62 萬元……不過，也因爲看對科風，讓我漸漸走上學習投資股票之路，開始研究價值投資及 K 線。

2007 年，我在新竹科學園區擔任工程師，8 月時再試身手，以 50 元買進友達，又買入科風。

友達買入後下跌，但我不怕，按照技術分析的方式在 40 多元時反向做空，不料，11 月時就漲到 60 多元。

我竟然成了眾多「做多沒賺，放空被軋」中的一員。

沒關係，還有科風，我相信自己最初的眼光，科風是檔好股票，下跌就攤，絕對要抱好，總有一天會回到之前的股價。

2008 年，我外派赴美，認爲 iPhone 絕對會紅，於是我將之前在美國省吃儉用的錢，以及加班累積下來的資金共 100 萬，買了蘋果概念股。

不料，這次又遇到全球金融危機，股票都比腰斬更慘，而科風更是從買入的 70 元跌到 7.76 元。

經過了這一次的教訓後，我讓自己冷靜下來三個月完全不做股票，改研究權證，以剩下的 10 萬元，短進短出，這次終於成功了，每次投資都賺到 20％～30％之間。

有了信心後，我接著做了一件許多散戶不會做的事：「借錢投資」。

以信貸加上儲蓄的錢，這次，我投入了 150 萬元做權證，但之前的好運不再，雖然賺的時候仍會賺到 20％，但賠的時候卻都賠掉 50％，到了年底時發現，年初投入的資金又賠了快一半。

回顧過往，投資了四年，只有第一年小賺 5 萬，其他三年都是大賠，四年共賠了 200 多萬。

對我而言，賠錢並不是最大的打擊，令我最沮喪的是：我學了財務報表、學了技術分析、學了權證、還學了許多大師的選股方法，也懂得在上沖下洗時靈活用不同的招式，上班時認真工作，下班時認真研究，卻依然成為股市落水狗⋯⋯

我不敢再碰股票，過去那些下班後研究股票的時間，就用看電視、看電影打發。

直到我看到電影「洛基六：勇者無懼」。

學生時的我，曾學過拳擊，而當我看到電影中的台詞：「最重要的不在於你出拳出得多有力，而是在於你能夠承受多重的考驗及打擊後，依舊能繼續堅持向前邁進，這才是贏得勝利的成功之道。」那個當下，有如當頭棒喝。

「對啊！我怎麼能夠就這樣被打倒？！」

於是，我重拾信心，告訴自己，心定了，一切就定，而我要找的投資方法，就跟拳擊所教的一樣「先保護自己，不要輕易出拳，一出拳就要擊中」的方式。這個方式也不能花費太多時間，因為，時間是要用在重要的自己及家人身上。

我，決定研究一個「高 C/P 值的股票投資方式」。

投資股票，也有 C/P 值？

對，你沒看錯！

在我的眼中，C/P 值高的股票投資方式需要具備兩個要點：

❶不需要花太多時間研究。

❷確定可以使用一輩子。

綜合上面兩點，可以讓生活品質提升，就是 C/P 值高的股票投資方式。

水哥教室

什麼是好的波段操作？

一個好的波段操作投資，要符合以下特性：

■ 不需要太多的主觀交易，避免馬後炮（太多主觀交易＝事後怎麼講都行）。

■ 勝率穩定。

■ 每年的投資次數合理，不需高頻交易。

■ 持有的時間合理，上班族不用整天殺進殺出。

■ 最大虧損率不高，不會有大輸大贏的賭博行為。

☝ 問自己：我要穩定的獲利， 還是如雲霄飛車般的暴起暴 落？

在那一段不敢再看股票的日子裡，我把錢都花在 3C 產品，用這些很新、很炫的東西來麻醉自己。

某天，看著不多的存款，我心中突然出現一句話： 「如果能靠股票再讓我贏一次，就翻身了！」

這句話跳出來後，我意識自己出現問題了：「我 一定做了什麼不對的事情，導致整個金流變成這樣。」 一定有個地方在流失，而且這個漏洞非常嚴重。於是， 我開始檢視問題出在哪裡？

首先是信用卡。

我習慣用信用卡買 3C 產品，由於工作穩定，我絕 對會把卡費繳完，不會用到循環利息，但日復一日， 我的刷卡花費愈來愈高，不到三十歲，一個月刷 7、8 萬到 10 萬，銀行又有六期零利率方案，於是，我開始 習慣分期付款，這次分三期，下次分六期。如此，我 等於是用「以債養債」的方式在過生活。

在這之前，我於竹科買了一棟房子，付了頭期款後，每個月也要固定繳房貸，那時候全台股市其實還不錯，我卻不知道為什麼每玩必輸？後來才知道，是因為我的資金配置不對，我認為很有把握的，資金都下很大，然後拗很久，這樣一來一往，可能三個月後才輸贏一次，一次搞不好就 40、50 萬。而我總是拗很久，拗到不對、會痛的時候才出場，但是可能已經 80 萬進去，50 萬出來了。

其次則是，高槓桿的權證操作，經常直接歸零，這時我才覺得，我不要玩了。為了減少流失，我將自己當成一個「資產負債表」來評估，只要流失的部分減少，或乾脆不要做股票，我都是贏。

但沒想到，當時不到三十歲的我，工作竟是如此忙碌。

我有兩支手機，其中一支除了夜晚幾乎永遠都在響，我不但要一直聯絡溝通，還要協調公司併購案的 IT 部門，電話從來沒停過。

併購案進行了快一年，我有將近三分之一的時間是九點上班，凌晨三點才踏出公司。某天，當我走出公司時，看著對面聯發科怎麼整間公司都是暗的？以

為停電了？我那時已經整個人都恍神了。

從這一刻起，我決定一件事：不管下班回家多晚，我都要選股，我絕對要脫離這種生活。雖然老闆告訴我，我可以在這裡待一輩子，但我也知道凌晨三點下班、九點準時上班的日子，不是我要的。

就在此時，我接觸到 MACD（指數平滑異同移動平均線，Moving Average Convergence / Divergence）和布林通道（Bollinger Band, BBands）。

你是否記得我在前面提到：我不但要找飆股，還要找到 C/P 值高的投資方式？

由於工作上任何關於 IT 的資料，從美國發表的比較多，因此我在工作時，習慣以英文關鍵字找資料。那一次，我決定來看看美國網站上有哪些股票投資方式。

「有了！ Super MACD 及布林通道，將來一定會改變我的投資生涯。」

學習一段時間後，我發現 MACD 適合用在大盤，布林通道則適合用在個股和大盤。我更進一步發現，布林通道有股價移動平均線及標準差概念，跟我在竹科品管使用的六標準差（6 Sigma），有異曲同工之妙。

我開始覺得，布林通道是一種數學。

我可以做做看。

很快的，我發現使用布林通道的確選得到飆股，同時不用花太久時間，如果我早一點回家，十點多下班的話，大概兩個小時就可以選出明天要買的股票，隔天九點上班時就可以下單。

漸漸的，我開始理出一些頭緒，並且將我的選股方式「阿水一式」系統化，使用了這個方式，我將存入的 200 多萬以阿水一式的方法操作後：

第一年，翻到近 500 萬！

第二年，1000 萬！

第三年，2000 萬！

第五年，4000 萬！

重視風險，要有系統

美國人很喜歡把自己的技法、選股方法寫出來，而且講得很細，比如看財報，他們會告訴你要看哪一季的哪個時間點、看哪個值、直到有什麼變化時才會

買進⋯⋯講得很細。與台灣截然不同的是，美國投資專家的習慣是，技法不收錢，但交易系統很貴，他們一年可以收 1 萬到 10 萬美金；台灣反而是技法很貴，交易系統軟體不貴。

想想過去我大起大落的投資生涯，就是少了風險概念，而交易系統不但重視風險，更有很多概念是我認為極重要的：

❶勝率。沒錯，勝率是一個很基本的數值，但是我從不追求高勝率，我追求的是「**穩定的勝率**」，意思是指：我今年三支中一支飆股，明年也一樣要三支中一支，後年還是三支中一支，這是我定義的勝率，我不要求高，而是要穩。

❷贏的時候，你用這個方法能夠獲利多少？例如：我用這個技法選出來的股票，平均投資 100 元可以獲利多少％？中位數是多少％？如果中位數和平均值是吻合的，或是相差不大，那就是比較可以相信的平均值；如果是落在相似的區間，表示是常態分布。

❸虧損率。我個人操作的習慣是，如果這個虧損到某個百分比時，我會做停損。

擁有了「勝率、獲利時的百分率、虧損率」這三個重要關鍵，才能夠達成資金控管。

台灣極少人提到，但卻很重要的凱利公式

資金控管的意思是：「你每一份投資的金額是多少？」一旦用不對的資金控管在投資，會導致贏的時候百分率不對、勝率不對，輸的時候百分率也不對。

當中，又可以延伸出「凱利公式」。

全台灣從事股票投資的老師，提到凱利公式的不多，但我認為它非常重要。如果說股市就像 F1 賽車，那麼凱利公式就是輪胎，它的定義為：「正期望值的交易系統下，你每一份下多少的百分率，總資金成長最快」，若超出凱利公式的值，就有可能遭受極大的風險；而小於凱利公式的值，就可能賺得不太夠。

試想，如果你有 100 億，卻總是下 5 萬，你的總資金就會成長得不夠快。所以為什麼我的總資金能夠成長很快，甚至能翻倍，成長 100％？很簡單，因為我用最佳化的資金控管。因為我知道阿水一式的勝率，我知道我贏的時候，平均值和中位數是多少，我也知

道我的虧損率，經過回測，就可以知道我的最大虧損，也知道我的方式是大賺小賠。

風險獲利：控制你的損失

提到虧損，你是否發現，損失並不是人為可以控制的。我今天設 5％ 要停損，市場不一定會讓我停，因為它可能會跌停，當跌停到我砍下去的時候，這才是我最大的單筆交易虧損。

從以上的推論歸納，我導出一個從未有人提到的概念——「風險獲利」。

我認為投資有四個層次：

第一層是講**「勝率」**，這是絕大部分的台灣人都在做的，找出最多能賺到錢的、揪出飆股之類的。

第二層是**「期望值」**，意思是這件事情一直持續做，平均每次交易值是正還是負的，如果是正的，代表期望值是正，那就繼續一直做就好；如果期望值是負的，雖然有可能因為偶爾運氣好而資產上升，但是長年下來絕對會虧錢。提到正負期望值，就必須談論

到之前提過的「勝率」，勝率只是期望值中的一部分而已，但是很多人把勝率看得太重，其實應該還要看贏的時候獲利是多少、輸的時候虧損率是多少，這三件事情都知道了，才有資格談期望值，才能延伸出凱利公式。

第三層則是「**風險獲利**」。我要不要用我的命去拚這 500 萬？我要不要用這些錢去拚目標的金額？在期望值的三個條件底下，又多出這一點。

第四層是「**最大可能虧損**」。它指的是，要停損時不一定能停，買到時可能已經跌停了，我也沒有辦法，所以我就要知道以我的技法最大可能虧損是多少。過去有個數值，未來就可以參考，我下這 100 萬有可能會虧多少錢，對我來講，這個值是 10%。之前提到的，我自己的自願停損值是 5%，但是我不願意又不得不的損失可能會到 10%，於是我知道現在有 100 萬，參照這個機制去算，我會認定當我進場之後，有可能虧 10 萬，也有可能賺到 20%，就是 20 萬左右，由此就可以算出我的風險獲利比，用絕對值來算是 1：2；所以，任何交易如果算出來是 1：2 以上，我就會做。

這概念也用在我要追價的時候，因為不可能總是抓到阿水一式建議的時機和價位，追價時我也會思考：現在追價，如果平均是賺 20%，我還有多少獲利空間？是不是應該把資金放小一點？或是我該在什麼時候停利？讓我的獲利和風險更平衡一點？

我所有的投資邏輯就是先求期望值，再求風險獲利比，要操作的時候就開始想：這筆錢下去有可能虧多少？有可能幫我賺多少？如果它可以在 1：2 以內，那都可以做；但如果風險有 2，獲利只有 2.8，那我就不做，因為只有 1：1.4，並不足夠！

這個概念，就是我最深層的投資概念，比起提勝率、阿水一式，這些都包含在內。很多讀者以為交易系統是指：何時停損、何時停利，事實上也有很多交易軟體系統就只是在提高勝率，但是資金控管完全不提；對我來說，我認為的交易軟體系統至少要到第三層，要能清楚風險獲利。

問自己：如果可以每年讓投資金額翻一倍，我願不願意認真且規律的進行？

在確定阿水一式的穩定性及獲利率後，我開始從單純的投資人轉為投資教學，開班授課。

我的課程，不是那種「欸，我可以教你賺好幾千萬，想不想學？」，我想做的教學是「**你想不想聽一種技法，可以讓你用來操作一輩子？**」如果以大額資金投入我的技法，在操作過程中有可能因為金額太大被主力反狙擊，但是一個正常的上班族，要是採用我的技法還賺不到第一桶金，絕對是你沒有用心學。

只要認真做，就會有績效的方法

我的方法，只要認真做就會有績效。那麼，怎麼樣才叫做「認真做」？

首先，請將所有不對的觀念及態度都清除掉，這跟學習任何一種技能的過程都一樣。把自己想成是醫學系的學生吧！醫學系教授站在講臺上講授醫學知識，

是經過研究、回測，是從扎實的理論中研究出來的，而我的這一套方式也一樣，所以，請清除你在其他地方聽到的，而不是說：「嗯，這和我學的不太一樣耶？」「這個酒田戰法為什麼不用看？」「看 K 線為什麼不用看 KD 啊？」

KD 指標、酒田戰法不是不好，而是，既然今天要學的是阿水一式，建議先把這些東西擺一邊，讓自己清空到像一張白紙，再來學習。

投資和蓋大樓很像，今天地基打得好，要再往上蓋很容易，而不是蓋到第二十層就倒了。很多人一遇到某些盤勢就垮了，正是因為他的地基沒有替這些環節做好風險評估，所以空頭一來大家就全倒；但是我從一開始蓋的時候，就先思考到颱風、地震來了該怎麼辦。

從地基建立時，我們就做了很多事，很多人以為無所謂的，我都會通盤考慮進去，所以我的地基可能蓋得比人家慢。曾經有人說：「你看水哥竟然還在蓋地下室，我們早就都蓋好了！」問題是當颱風來了，你到底能不能安然度過？還是像三隻小豬一樣？

當你想要開始認真做時，基礎很重要，就看你想

不想打地基？而我確定地基穩固的方式，是看回測及數據。

我也發現有些人學不好的原因，其實跟學功夫有點像。不管是蹲馬步還是練拳腳，每家派別都不一樣，但很多人是站在外圍說：「那個武當派功夫不行啦，你不信？不然用你家的拳法打打看？」或是說：「那個少林寺功夫不行啦，用我家的功夫就可以打趴了。」問題是你有沒有真心想學？還是你今天只想找這派功夫的麻煩？

無論在演講或者上課時，我發現投資人有兩個很大的問題：

❶永遠帶著自己的意見來。

❷只是想來看看你講的有哪些跟他的想法不同，然後再下些評論。

讓我們退一萬步來講，你到底有沒有想要賺錢？你到底是來找碴，還是來賺錢？真正想賺錢的人，就是學了、做了，然後開始精進、成長、賺錢，開始朝著自己想要的生活前進。請問，你想要過這種人生，

還是當那種在外面喊「誰知道到底是真的還是假的，哎，那不行啦！」的那種人？

此外，我也想告訴讀者朋友們：學投資並不是就醫。

就醫是躺在擔架上送進來，要醫生救死扶傷；但投資，修行真的在個人。如果三天捕魚、兩天晒網，錯過設定標的，然後再來告訴我：「水哥，我最近操作成績不好怎麼辦？」

你知道嗎？認真的人成績早就上去了。

問問自己，到底是用什麼心態在學習投資？玩玩？有空再說？那麼，你一輩子都不會有空。你今天覺得阿水的方式很好，於是買書來看，看完了不開始行動、看股票，那麼就還是老樣子。一旦當你開始做，從第一天就會有改變，十年後你轉頭看看那些光說不做的朋友，你會發現「哇，原來我們已經差這麼多了！」

再說一次，投資前，必須先把錯誤的觀念都處理掉，然後心態要正確，認真做。

你要的是「價值投資」還是「價差交易」？

台積電在 2017 年有一筆極大的營收來自於挖礦晶片，連張忠謀在接受《天下》專訪時都說：「一年以前我們還不大知道什麼叫比特幣，結果現在他們跟我們買了很多晶圓。」

股價只有在兩種情況下會漲：

❶ 當公司價值產生變化時。

❷ 當價格產生價差時。

台股很適合價差交易

關於公司的價值產生變化時，股價會漲，但這實在太難捉摸，因為所需要的轉變時間非常長。

我曾經在 2015 年時告訴朋友：「我非常看好美股的一支股票——Netflix。話一講出，大家馬上噗嗤一笑，都認為它不過就是個付費租片軟體，更何況已經有中國這麼大的影片市場和各種免費下載，誰會去看付費影片？」

但我覺得並非如此。我認為 Netflix 最主要的利基點，以及將來可以展現出的樣貌，絕對是大家當時看不到的，我注意的是產業面、價值上的變化。

　　Netflix 當年進入市場時，剛好占住了那塊「我想要付費收看優質影片」的大宗缺口，而不是去跟那些盜版管道競爭，它推出的自製影集雖然有賺也有賠，但是像影集「紙牌屋」就賺了不少，後來也證明了 Netflix 有能力成為美股四大巨頭之一，和 Amazon、Google、Apple 齊名。

　　價值投資是要拉長時間來看的，觀察出這支股票的長期趨勢，你必須要慧眼獨具，要有能夠真正看見業界風向的能耐，然而，這對一般的投資人而言實在太難，所以很多人改成看券商釋出的評估報告，由券商告訴你現在要買進，或是建議什麼時候賣出。但……這跟報牌又有什麼兩樣？

　　很多人最不了解台股的一點是：台股其實可以做價差交易。

　　我認為，價差交易其實才是投資人應該做的，為什麼？我就是 100 元買，有能耐等到 120 元的時候賣掉，就賺這 20 元，不管價值有沒有增加，就算它是一

支爛股票也沒關係，我就是 100 元買，120 元賣。

　　影響你賺不賺錢的不是價值，而是價差。你有能耐做到 100 元買進，120 元賣出，那就是價差，它可以是世界無敵爛股票，但它就是會有價差，你只要買進賣出就對了。

　　每次說到這裡，就會有人問：「阿水，你這樣買股票不危險嗎？你都只做價差，不看價值？」以我的方式來說，持有股票的期間，大概平均是二十到七十個交易日，我沒有打算跟它談一年份的感情；其次，我對財報也有些許的要求，但這「些許」的要求就是：只要不是爛到很誇張、明天可能就會倒的股票即可（只有二十到七十個交易日而已，所以這支股票將來會不會下市，其實跟我沒什麼關係）。

　　也有學員問我：「如果這支股票價值真的很好，甚至可以從 100 元漲到 700 多元，那你會不會做完一段就出場？」

　　我答：「那麼，我就等到有機會時再進場。」

　　以玉晶光為例，它在國巨之前，是台股的飆股王，兩年多漲了快 700％，但它是一段一段的漲。所以，我是怎麼做的呢？

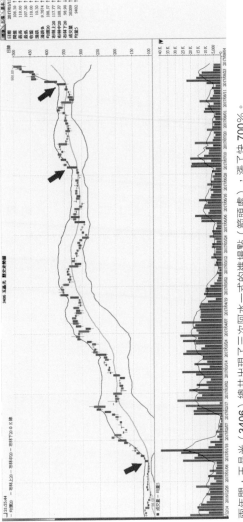

兩年間，玉晶光（3406）總共出現了三次阿水一式的進場點（箭頭處），漲了快700％。

在兩年間，玉晶光出現了不只一次的「阿水一式」，所以我會在阿水一式進場點時買進，在跌破20MA出場，等於是每次盤整完就可以穩穩的做（關於阿水一式的做法，第4章將有完整介紹）。

那麼，如果這支一直飆呢？就像華新科。我們有學員曾經公布過對帳單，從100到400元都沒有跌破20MA，那就是一路抱，管它是到幾塊錢，反正市場還在漲。

我做的是「價差交易」而不是「價值投資」，價值交易需要很長的時間，甚至要等待到夠低的點；但價差交易只要知道未來一個月內有機會價差多少，就可以進場，我就是賺飽這段價差就跑。

你使用的方式，有賠率上限嗎？

我從來不會對單支股票有偏好，我只認為它們就是一場又一場的 Game（賭局）。

我知道當系統是正期望值時，就要下注，接著讓遊戲跑完、資金出來。所以這場 Game 不能太久，最長三個月，短則一個月，我的籌碼可以一直很靈活的進

去、出來。

當發現自己做錯時，也會很快。投資有賺有賠，大部分的老師都會強調報酬率，但是，這些老師的方法，是否也能幫你把賠率控制在一定的風險下？如果是賺30%賠50%，那麼心臟要很大顆才行！

我可以保證，**阿水一式不會讓你賠超過5%**，當你買進之後如果賠超過5%，籌碼就必須立刻拿回來，再投入下一場Game。在這樣的情況下，總資產才會增漲得快，一個月就能知道這支股票對不對，反而不用一拗就兩年。

有一位在公家機關上班的學員，已經有年紀了，發現自己的年金被砍掉二分之一後，開始尋找投資方式，而他使用阿水一式買了日電貿後，一個月賺了快70萬，幾乎是一年的薪水。當然他也有做錯的時候，但他總能聽取我的建議，不會糾結在「為什麼跌？」「為什麼不好？」「明明主力都還在！」「明明外資還在買！」他就是懂得照著阿水一式的公式進場、出場，去玩下一場Game。

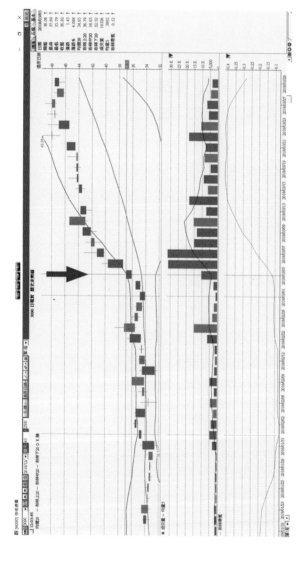

阿水的學員於 2018 年 3 月 5 日挑出日電貿（3090），3 月 6 日買進，一個月內股價大漲 20%。

把投資股票當成一場 Game（賭局）

對我來說，每支股票都是一場 Game，所以，不要對我說：「最近有某個熱門話題的類股」，因為，很多有話題的股票都已經漲了，大家才知道要進場。

2016 年的生技類股，大家注意到的是浩鼎，知道浩鼎生技的新藥又要解盲了，我說千萬不要跟，但是，卻有學員說「可是生技很熱耶！」其實，早在 2015 年的年底選舉時就一直提到要做生技發展，那時候的漲幅都很可怕，等你真的想玩的時候，早就已經漲過一波了。

跟著阿水一式做，在台股 1687 支裡，我可以知道前幾名是誰，它自然是類股輪動，我會發現我一直在選的就是某些類股。就像 2018 年 3 月份的被動元件，怎麼我選的都對，都上去了？華新科、國巨為什麼漲？接著就知道是因為被動元件。

有一陣子出現光碟片熱潮，但是我不玩光碟片，因為股價太低，有些人會覺得這樣很可惜，但我覺得不可惜，那就是場 Game，這場沒有參與到，未來一定還有其他場可以玩。

有陣子，很多人持續關注華航，發現外資買很多，可是華航有動嗎？沒動。因為你不知道華航在外資的布局到底有多久？它是要布局明年，還是今年的法說會、股東會？還是要等將來交飛機之後的爆發？甚至有可能只是在做航運股、石油股的避險。

　　其中的原因我們無從判斷，我只要發現若有型態在支持它，我就進場，如果沒有型態在支持，我就當成是有人在做自己小規模的避險。

　　所以，**千萬不要去猜測股票漲跌的原因。**當你把馮京當馬涼的時候，你就會做出錯誤的判斷。所以我只看型態，合理就進，只要風險、獲利符合我要的，我就進。除此之外，其實股票真的沒有那麼複雜。

正期望值才能保護你的平均獲利

　　我們常常聽到：「在賭場上，莊家永遠是贏家！」那麼，你想不想做投資股票的莊家？

只要一直坐在桌子前，做一個正期望值的遊戲，一直把錢投進去，讓它滾大之後出來，或是賠了，將損失減少到最小出來，在這個遊戲裡一直玩十年、二十年，透過凱利公式來進行資金控管，讓賺到的錢一年比一年更多。

聽來很棒對嗎？

沒錯！這就是阿水一式能夠帶你到達的境界。

有些人聽到我將投資股票比喻成賭博就很排斥。那就大錯特錯了！

看過電影「決勝二十一點」吧？這是講麻省理工學生賭博的故事。主角只做一件事情：藉由算牌，把黑傑克二十一點由負期望值，變成了正期望值。正期望值這件事實在太重要了，在此再詳細說明。

賭場原本一定是正期望值的遊戲，因為擲骰子的大小機率，剛好是五十／五十，但是有一個叫做通殺（豹子）的東西，雖然只占了百分之幾的機率，可是多了通殺這個機率，想靠大小就永遠不能贏到。在這個情況下，賭場只要能贏那一點點正期望值就好，加上進出賭場的人數這麼多，二十四小時營業，資金又這麼大，所以，賭場總是贏家。

而電影「決勝二十一點」的主角，就是藉由算牌知道接下來莊家比較容易爆，因爲莊家未滿十七點一定要補牌，大牌多莊家會爆，那麼主角就不要補，牌小小的就好了，把十留給莊家。假如莊家手上是十五點，那麼他就爆了，主角就得到正期望值。

　　正期望值這件事就是這樣。在賭博上，通常正期望值的就是莊家，就是賭場，只要有源源不絕的賭客，就可以金碧輝煌。

　　說穿了，賭博的本質是什麼？是數學，是機率。

　　知道了正期望值的重要，我慢慢的建立起系統概念，果眞也賺到錢，一步步的優化我的交易系統。

Chapter 3

何時進場、何時賣？
大盤紅綠燈法判斷
很簡單！

在成為專職投資人前，我也曾經是個四處尋找賺錢葵花寶典的上班族，但是，科技業上班時很忙，根本無法在盤中一直盯著股市，總得下班回家後才有時間研究股票。

想從法人的研究報告裡挑出好股票，或是從公司財報中看出潛力股，但心裡又擔心到底真的是長線看好，還是財務的好數字其實是「給散戶的糖衣」？

最難解的是，找到了進場時間，但，什麼時候該出場呢？

這個答案，就由我來找吧！

 ## 大盤安全才進場，提高勝率

我在投資初期，常遇到下面三種狀況：

❶靠自己鑽研了很久的產業面與公司未來發展性，買進股票後發現沒有市場認同，股價不動如山。

❷以為買進一顆正要發光的鑽石，持有股票一段

時間後，才發現原來只是磨得比較亮的玻璃珠，一旦遇到主力大戶大量賣出股票，還有可能成為套牢在高點的最後一隻老鼠。

❸就算該股真的前景看好，一遇到大盤系統性風險，還是無法獲利。

「在股市是比氣長，不是比氣強，我們要賺的是『一直』，不是『一時』。」我堅信想在股市中生存，就得先冷靜等待，看到大盤方向確定，再出手買飆股或做空弱勢股。因為每個人資金的取得難易度及重要性不同，如果風險耐受度比較低的朋友，遇到大盤不明時，請先 Hold 住，不躁進。

2018 年 10 月 1 日，我於臉書「阿水理財金銀島」社團提醒投資人盤勢——「整體來說，現股操作還是不要太被盤勢帶著走，太貼近盤面很容易失去戒心」「所以盤中轉折要特別小心！」結果，10 月 2 日開盤，大盤果真來個大轉彎，直下 100 多點。沒有戒心的投資人，很容易直接被套。

有些朋友問我：「水哥，為什麼明明籌碼這麼強，你卻知道要小心？」

道理很簡單，因為大戶與市場法人隨時都有可能認錯，籌碼這麼強，指數卻相對疲軟。這就是所謂「拿著一手好牌卻打不好的情況」，很容易出現失望性賣壓。外資在 10 月 2 日就是一反之前「每天買超數十億到百億不等」的情況，直接賣超達到了 122 億之多，所以我才會在臉書社團中提醒大家，還是**以型態優先**，當燈號不明，別太衝！

　　每個人資金的取得難易度不同，尤其上班族資金小，需要靈活進出。而影響股價上漲最大的因素，在於有沒有人願意用更高價在市場買進股票，至於「這支是不是好股票」的考慮點，反而放在第二順位。

　　所以，資金小的上班族更需在大盤安全時才進場，勝率較高。

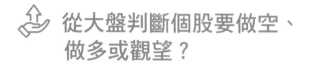

從大盤判斷個股要做空、做多或觀望？

　　「與其強化選股能力，倒不如強化躲開大盤下修

的能力」，我認為「順勢而為」才是在股市戰場生存的第一守則。由於大盤在多頭和空頭時走法不同：大盤指數如果漲1％，有75％的股票上漲；而當大盤指數跌1％，有八成的股票下跌，只有兩成的股票會上漲。

問題來了：大盤指數的漲跌1％，通常在什麼時候出現？這個變盤的時機，如何看出？

由多年的操作經驗觀察出漲跌機率後，我將把大盤的多空趨勢化成「紅、綠、不明」三個燈號。以做多為例，大盤綠燈，表示路口安全了，再過馬路（進場做多）：燈號不明請先停看聽；紅燈則是大盤確定走跌了，可以進場做空。然而大盤紅綠燈的判定，不是在單日的漲跌，而是要看大盤整體型態。

阿水大盤紅綠燈判斷的方式有兩項指標：**日K線的20日移動平均線（20MA）、台指選擇權買賣權未平倉比值**（Put/Call Ratio，P/C比）。

台指選擇權買賣權未平倉比值

即為 Put/Call Ratio，又稱「P/C比」，是賣權未平倉量及買權未平倉量的比率，此值可以從台灣期貨交易所網站得知，而且每日更新。

■ 綠燈：當 20MA 上彎，P/C 比＞1 時，做多。

■ 紅燈：當 20MA 下彎，P/C 比＜1 時，做空或不要做。

■ 不明：當綠燈或紅燈的條件中，兩者只成立一項時，減少資金做。

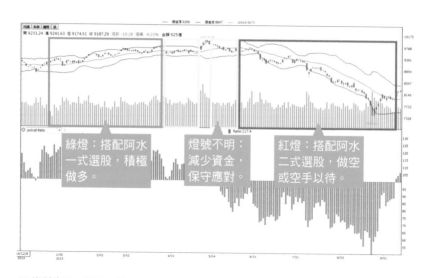

※ 資料來源：籌碼 K 線

布林通道兩個數字設定好，時間到了就狙擊

我的各項招式使用，源頭皆來自於「布林通道」。

布林通道到底是什麼？

它也稱為布林線、包寧傑帶狀、保力加通道或布歷加通道，被稱為技術指標之王。也是運用統計學的常態曲線，配合平均數與標準差所產生的工具。

你若聽不懂常態曲線、平均數、標準差等專有名詞，沒關係，看圖就能一目了然。

十八世紀的德國數學家高斯發現，所有事物只要數量夠多，都會有一定規律的分布，即稱為「常態分布」或「常態曲線」。要了解常態分布，需先認識兩個名詞：平均數、標準差。

平均數指的是中間那條線，也就是這些數字（如股價或身高等）的平均數值，用部隊的術語來說，可說是「中央伍」。股價的出現次數分布會向中央伍靠攏；而標準差則可以說是跟平均中心值的離散程度，若應用在股價上，則是這段期間股價與中間平均值的距離，也就是股價的「波動度」。

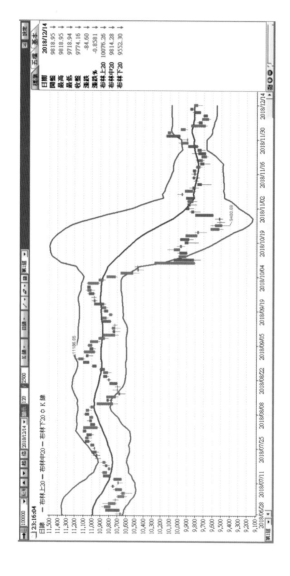

各家券商軟體皆可設定布林通道，阿水使用的則是「日K線的20MA」及「2.1個標準差」來輔助判斷大盤多空。

（※ 資料來源：元大點金靈）

包寧傑把常態分布應用在股票 K 線圖上，畫三條線。他將平均數也就是上面常態分配的中線，設為 20日移動平均線（20MA），這條線是由每一天股價收盤價往前計算共 20 個交易加總平均股價所連成的線，再使用 20MA 計算出標準差，往上加兩個標準差，形成上通道；往下減兩個標準差，形成下通道。如此一來，股價落在上下通道之間的機率是 95.44％。

　　這是包寧傑的布林通道「基本式」，簡單三條線組合而成的通道，使用不同參數，有非常多種的變化方式。

　　我使用的則是「日 K 線的 20MA」及「2.1 個標準差」，來輔助判斷大盤的多空。

　　為什麼是「日 K 線的 20MA」？

　　因為我的操作多以波段為主，希望找到波段股票的起漲點，進場狙擊。同樣是一根 K 棒，以一日開盤、收盤、最高、最低價格所形成的日 K 棒，與一週（也就是五個交易日）形成的 K 棒，當然是日 K 棒最能預測與貼近明日可能的走勢。

　　至於為何是 2.1 個標準差？

　　應用布林通道一兩年之後，我發現使用電腦原先

設定 2 個標準差，出場似乎都略早了一點，後來將參數調整成 2.1，發現用起來很順手，就保留下來，大盤與個股都是以這個參數進行設定使用。無數個日子，我就是本著物理實驗的精神，以不同的標準差來買賣股票，從 1.5 到 3 全都使用過，就在試了數不清多少次之後，確認標準差 2.1 用起來最順手，就保留下來。

我的大盤與個股也都是以標準差 2.1 這個參數來設定使用。

■ 綠燈》多頭格局確立，可找主流股及阿水一式股做多

「當大盤亮起綠燈，當 20MA 上彎，P/C 比＞1 時，才能挑股進場做多。」當加權指數的收盤價在 20MA 之上，且 20MA 的角度是向上，就是代表大盤趨勢向上。我的建議是，最好再加入以下兩個條件增加勝率。

★條件❶：回測 20MA 均線不破。觀察到以台灣加權指數漲跌的慣性，下跌一大段之後的反彈行情，通常都會再拉回靠近 20MA（即布林通道中線），此時

等回測確定下跌的力道連中線都跌不破，或是跌破三天內又很快站回 20MA，代表確定波段翻爲多頭的機率較大。

★條件❷：外資法人布局多單，容易推動大盤有一段多頭走勢，使得做多趨勢更加安全。

你可以在期交所網站上，查詢到外資法人的期貨留倉口數（未平倉的期貨口數），外資期貨多單的口數愈多愈好，翻盤的機率愈低。

■ 紅燈》市場翻空警報，找弱勢股放空

「什麼情況才能進場做空呢？」

當 20MA 下彎，P/C 比 < 1 時，做空或不要做。

當加權指數的收盤價跌破在 20MA，且 20MA 的角度下彎，就是代表大盤趨勢翻空。

如果接下來的盤勢出現下列任一種情況，就是大盤警報器亮紅燈，可進場做空：

❶碰了布林下通道反彈之後，一反彈至 20MA 就

被打回來。

❷碰了下通道反彈連 20MA 都站不回去，只要反彈就收線。

❸站上 20MA 過不到五天就又跌破 20MA。

以上三種情況只要其一成立，即算紅燈。

■ 燈號不明》保守觀望，做好資金及風險控管

走在路上看到黃燈或閃燈，不管是開車或是走路，都得停下來提高警覺。操作股票也是這樣，想要做多者，得確定接下來是綠燈才能前進。

如果原先是代表多頭的綠燈，出現以下訊號，很有可能是大跌的前兆，不能再進場做多，若有多單最好減碼，小心為上，等到綠燈才能再加碼，若變紅燈更要全數出清，甚至反向做空。

當 20MA 及 P/C 比兩項指標只出現其一，務必減少資金。

■ 投資前必確認大盤方向，避免受拖累

為什麼先看大盤這麼重要？

我在投資初期，總是在幾次小賺之後，常會賠一筆「大條」的，把前面的獲利都吐回去，幾經檢討後發現，是因為沒有先看大盤方向就貿然出手，再好的股票，面對大盤下殺千點行情，也很難不被拖累。

還記得，小時候我台南老家附近的鐵路平交道，沒有火車方向指示燈，每次坐在爸爸車上遇到閘門放下來了，兩個人就會開始猜測火車會從右邊來還是左邊來。

「如果買股票沒有看大盤的方向，就跟猜測火車方向一樣，猜對機率是一半一半，與賭博沒兩樣。」

別在多頭做空、空頭做多，「順勢而為」才是在股市戰場生存的第一守則。

Chapter 4

做多：三招就能使用一輩子的阿水一式

很多投資人都喜歡用布林通道看個股，我也是。

一開始，我跟大家一樣都採用布林通道發明人使用的方式：看 20MA，上下 2 標準差來決定要買還是要賣。

不久後，我發現我錯了！而且大錯特錯！

布林通道絕對是個好方法，只是，你看得懂箇中玄妙嗎？

 ## 飆股！我要賺的是飆股！

如同前面所提到的，我心目中的投資，是一門統計學，也是一場 Game（賭局），而且是可以計算出來的。

曾經，我是個在職場積極付出、身兼在股市買進賣出的上班族，我了解上班族的時間壓力，也了解小資族的資金壓力，心想：如果能找到一個穩定獲利的投資方式，讓生活品質更好，絕對是大家共同的願望。

「如果能建立一套進場點與出場點的 SOP 該有多好啊！這麼一來，就不會一遇到短線的拉回就恐慌賣

股，或是一檔股票抱上又抱下，或是買進用 A 招，賣出用 B 招，很容易被市場修理。」在我使用了各種投資股票方式而慘賠之後，我心心念念著，希望能找到股票進出場 SOP。

終於，布林通道救了我。

布林通道發明人包寧傑是用 20MA 及 2 標準差的方式來決定買賣，從 20MA 往上 2 個標準差為上通道，往下兩個標準差為下通道，只要股價達到上通道數字就賣，跌到下通道數字就買。除此之外，沒了！

一開始學習布林通道時，我也採取發明人的方式，很快的，我就發現錯了！不但錯，而且還是大錯特錯！

如果只看上下通道，就只是來回放空，做多，這個方式的確是比以前的收益好一點，卻沒有很大的改善，就像是久咳的人吃了藥之後稍微止咳，但病還是沒有好。而且，如果是弱勢股，在股價碰到下通道買進，遇到爛股就如同伸手去接向下掉的刀子一樣，會受傷慘重。

我應該反過來思考才對！

飆股的共同長相：壓縮、帶量、起漲

某天，我問自己：

「我到底要在台股賺什麼？」

「有哪一種股票是我想要賺的？」

飆股！我要賺的是飆股！

從心底發出的聲音吶喊著。

如果可以選到飆股，而且這支飆股波段結束後，還有其他飆股，該有多好？於是，我將過去的飆股一一找出來，移掉其他均線，只留下布林通道及 20MA，發現：大部分飆股竟然有共同的邏輯和長相！下頁圖就以 2018 年第二季飆股為例。

看到了嗎？飆股共同的長相是：

❶某一天突然上漲。

❷上漲後就一路飆。

當我用布林通道看飆股時，我發現飆股在起漲日當天，都會突破上通道。

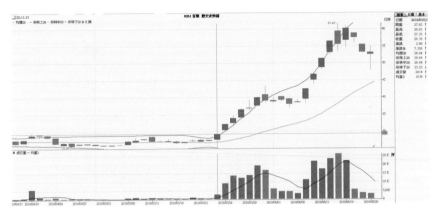

富鼎（8261）2018 年第二季飆股之一。

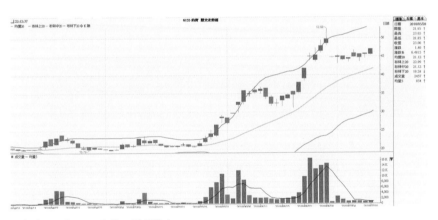

鈞寶（6155）2018 年第二季飆股之一。

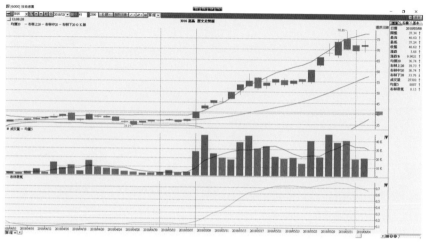

嘉晶（3016）2018 年第二季飆股之一。

　　是不是只要我抓住這個原則選股，就不必每天苦
於找股票，更不用擔心找到的股票什麼時候該買？什
麼時候該賣？

　　像發現新大陸似的，我開始用這個方式來選股，
但是……有幾支真的衝上去，有幾支卻沒有。「不可
能啊？難道有什麼是我沒有想到的？」我是一個非常
喜歡物理的人，當中的理論必須通過無數次實驗的檢
驗，答案完全一致後，方能成為理論。當然，股票有
太多的變數，不能跟物理實驗相提並論，但我還是希

望能夠找到一個「可以一直做，而不是只能做一時的選股方式」。

那麼，我的選股方式，到底有哪個環節出錯？

標準差！關鍵就在標準差！

包寧傑使用的是 20MA，上下 2 個標準差；我使用的則是「日 K 線的 20MA」及「2.1 個標準差」。

水哥教室

標準差太高，影響超大！

　　如果一檔股票在起漲當天，不只突破了布林上通道，標準差還來到 3.0 或突破 3.0，那麼就可能是短線過熱訊號。

　　此時我會再多看這檔股票的籌碼，如果是法人大量持有的類型，我反而會等股價拉回到標準差 2.1 時再進場。

　　外資和法人都不喜歡短線上漲太多的股票，尤其外資在短線上漲太多時會賣，因此如果標準差來到 3.0 時，不要貿然進場，以免一下子就必須出場，賺不到波段的甜美果實。

　　由於布林通道是跟著股價變化，有些牛皮股的布林通道本來就比較窄，只要一點點小變動就

會衝破上通道，例如：中鋼、中華電信，而波動率低的股票是不可能成為飆股，所以使用阿水一式選股時，要避開波動率低的牛皮股。

不只看價，還要顧量

除了標準差之外，布林通道公式完全沒有考慮到量，但，股票應該要價量一起看。

「量」指的是多少人認同，如果股價衝高但量少，表示買的人少，不宜立刻追。「量多」也不是貿然就買，而是要看成交量到底多到多少。

於是，經過了再次檢驗、比對後，我得到了一個結果：多數飆股在起漲當天的成交量都是多的，而且要比前 5 日均量大 2 ～ 10 倍。

把成交量加入選股條件後，勝率更高了！

找到了，讓勝率更提升看型態

不久後，我精益求精的個性又來了。雖然確定標

準差調整到 2.1，並且加上看量可以提高勝率，但是，怎麼還是有些股票不乖乖的飆呢？我知道，在股票市場不可能百分之百每選必中，但如果還有我忽略的地方，說什麼我也要把它找出來。

每天，我都想著還有沒有什麼方式可以讓選股更精準？還有沒有什麼地方是可以再調整的？幾乎半年的時間，我都將時間用來尋找更好的飆股策略，只要有漲的台股，我都一一研究，就這樣不斷的實驗，回測 1600 多檔台股後，終於讓我找到了！

答案就是——「型態」！

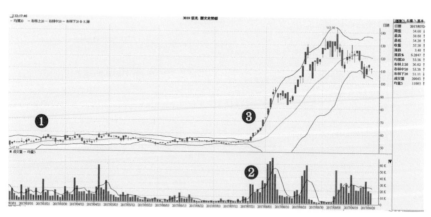

亞光（3019）起漲前股價經過長達四個月的壓縮期，壓縮愈久，爆發力愈強（❶壓縮 ❷帶量 ❸起漲）。

原來，大多數飆股起漲前，都會歷經壓縮（盤整）的型態，且壓縮（盤整）時間愈久，爆發力愈強！

　　然而，股海茫茫，到底要到哪裡尋找到符合飆股型態的股票呢？

　　飆股又有哪些條件？何時該進場呢？

　　我再次研究，終於發現了**「壓縮、帶量、起漲」**這個祕密，並且命名為「阿水一式」。

　　在這裡，我要強調一件很重要的事：**壓縮、帶量、起漲是一起看，而非分開看**。也就是說，一檔股票如果只有成交量大不行，只有起漲突破上通道也不行，必須要同時具有壓縮、帶量、起漲的特性才可以。

　　記得剛開課不久，還不像現在有很多線上股票軟體可以使用，只有券商提供的軟體。學員們問：「這麼多股票，要怎麼選？」我回：「就一檔一檔選啊！」他們要我現場示範，於是我就把元大軟體打開，每一檔股票大概看個 0.5 秒就能確定可以或不可以，他們都看傻了（比起當時，現在有很多線上軟體供投資人自設參數及選股條件，真的好幸福啊）。

　　其實，不是我厲害，而是我把這些年來的心血都投注在研究阿水一式上，當然可以立刻知道型態是否

符合「壓縮、帶量、起漲」。我現在已經練就不到一小時就能將所有的台股看完。也因此，我看 K 線及個股型態研究都有很深的研究，每天數小時，嘔心瀝血的研究整合後，終於找出史上無敵好用的阿水一式。

接下來，我將再更詳細解說阿水一式的眉角及細節，相信讀者朋友們看了本章，就能立刻上手。

阿水一式第一招：壓縮

好的飆股，在起漲前都有壓縮的特性，正所謂「不經一番寒徹骨，哪得梅花撲鼻香」。在阿水一式中，壓縮看的是四個重點：

重點一：布林帶寬愈窄愈好

「布林帶寬」指的是布林通道上下兩個標準差之間的寬度。布林帶寬愈大表示震盪愈大，布林帶寬愈窄表示愈盤整。在阿水一式中，當股票經過盤整，布

林帶寬變得非常窄時，一旦股價上漲突破上通道，極有可能是強力買盤出現的訊號。

那麼，布林帶寬要多窄才算窄？經過我長期的回測，布林帶寬值小於 0.15 最佳（布林帶寬值，在任何一家股票軟體都找得到）。

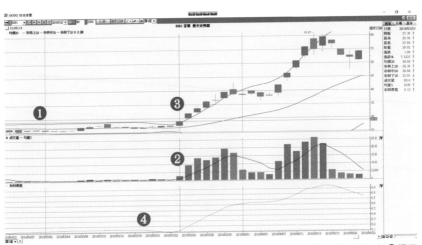

富鼎（8261）2017 年第二季飆股之一，起漲前布林帶寬值長達兩個月小於 0.15，如❹標示（❶壓縮 ❷帶量 ❸起漲）。

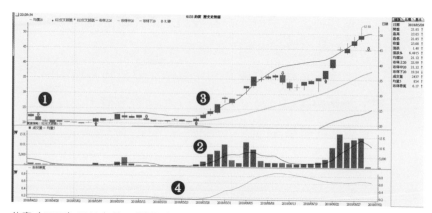

鈞寶（6155）2018 年第二季飆股之一，起漲前經過盤整，布林帶寬值小於 0.15（❹）（❶ 壓縮 ❷帶量 ❸起漲）。

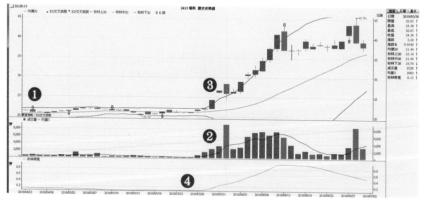

環科（2413）2018 年第二季飆股之一，起漲前經過盤整，布林帶寬值小於 0.15（❹）（❶ 壓縮 ❷帶量 ❸起漲）。

重點二：股價穩定（在 20MA 附近盤整）

股價在 20MA 附近盤整，且趨近 20MA 價格，也是一個指標。

我操作的邏輯是買強不買弱，所以通道中間那條 20MA 若上揚，則是更佳的選擇。畢竟 20MA 是指二十日個交易日以來投資人買進的平均成本，如果是向下彎，代表股價一直站不上去，前面想要解套的賣壓會愈來愈大，就算有主力想發動攻勢，也很容易被想要解套的投資人賣下來。

重點三：壓縮的時間愈長愈好

布林通道壓縮的時間愈久，表示籌碼「洗」得愈乾淨，投資人的成本不會差太多，此時如果漲破上通道，或是跳空漲停，成為飆股的機會愈高。

至於怎麼樣算壓縮時間長呢？我認為至少要往前推十個交易日。

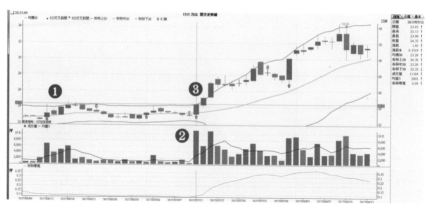

力山（1515）2017 年第二季飆股之一，起漲前股價在 20MA 盤整，❶壓縮（在 20MA 盤整）
❷帶量 ❸起漲。

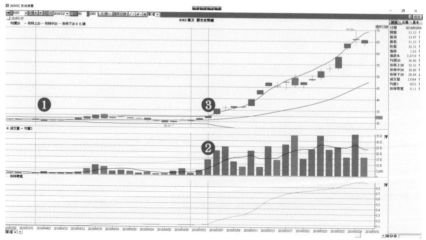

達方（8163）2018 年第二季飆股之一，起漲前股價在布林通道間壓縮至少兩個月（❶壓縮
❷帶量 ❸起漲）。

重點四：在三個月內曾上攻上通道但失敗

　　有時候，飆股不會一次壓縮帶量起漲後就飆，而是上攻失敗，此時請不要灰心，一旦這檔股票再次出現阿水一式的買入訊號，且這一次的布林帶寬又比前次更窄時，不但上攻達陣的機會很高，飆漲的幅度也會讓投資人每天開心到睡不著。

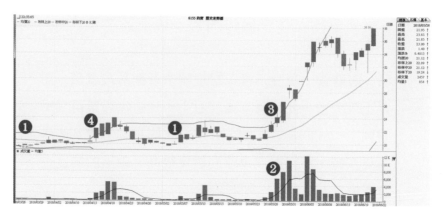

鈞寶（6155）2018 年第二季飆股之一，飆漲前有一次站上上通道但失敗（❹）（❶壓縮 ❷帶量 ❸起漲）。

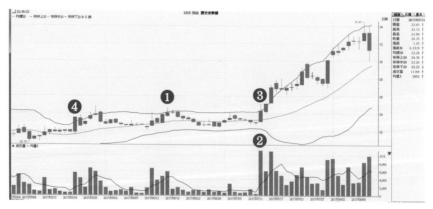

力山（1515）2017 年第二季飆股之一，飆漲前有一次站上上通道但失敗（❹）（❶壓縮 ❷帶量 ❸起漲）。

水哥教室

「壓縮」的不同型態

關於壓縮，有三個型態可以解釋，分別是均線、布林通道、波動率。

如果習慣看均線，就看均線糾結；如果是用布林通道，就看布林通道的帶寬，如果布林帶寬會因為前面有起漲正在盤整，可能布林帶寬還沒縮小，此時，我會看股價的波動率。

很多的飆股起漲前會壓縮，當年我也是運用回推發現的，這些飆股都是前面沒有任何發動跡象，是突然飆起來的，代表這就是很適合判斷起漲前的穩定型態。

進一步搭配籌碼去看會發現，很多主力會在股價盤整區收貨。至於為什麼要在這個時候收

貨？其實不是因為盤整才要收貨，而是收貨的時候，主力會讓整個股價不波動，以避免漲多了引人注意。

在股市中，漲多了會有人要賣，跌深了也會有人要賣；同樣的，漲多了會有人要買，跌深了也會有人要買，主力不希望市場上有其他人也來操作這支股票（甚至是股票持有人），所以在收貨的時候，通常會把股價及型態壓縮得很緊。

 ## 阿水一式第二招：帶量

重點一：看 5 日均量

價格突破的當天，成交量是否大於 5 日均量的 2 ～ 10 倍？請注意！這裡所指的 5 日均量，並不包括「起漲當天」。

重點二：看倍數

　　根據飆股的邏輯，5 日均量的倍數以 2 ～ 10 倍最佳。要特別注意的是，高價股與低價股需要彈性調整。高價股如果超過 200 元，倍數有時可能剛好落於 5 日均量的 1.7 至 1.8 倍，可算在飆股邏輯中。同理，低價股如果超出 10 倍一些，也是可以接受的範圍。

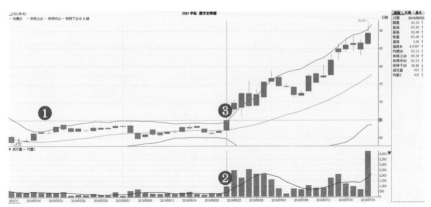

辛耘（3583）2018 年第二季飆股之一，價格突破的當天，成交量大於前 5 日均量 4 倍（❶ 壓縮 ❷ 帶量 ❸ 起漲）。

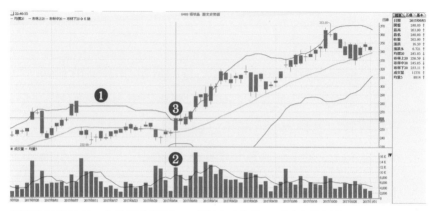

環球晶（6488）2018 年第三季飆股之一，價格突破的當天，成交量僅大於前 5 日均量 1.7 倍，由於為高價股，可列入範圍（❶壓縮 ❷帶量 ❸起漲）。

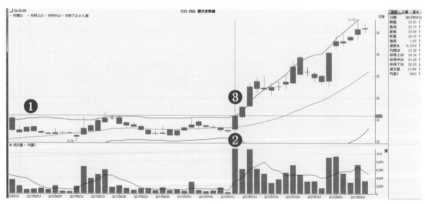

力山（1515）2017 年第二季飆股之一，價格突破的當天，成交量僅大於前 5 日均量 10 倍，由於為低價股，列入可接受的範圍（❶壓縮 ❷帶量 ❸起漲）。

水哥教室

要帶量及成交量限制
10 倍的原因是？

　　還記得我在前面曾提到「價格」和「價值」不同嗎？

　　「價格」是大家撮合出來的，「價值」是我心中對它的看法。有成交量，代表在市場上，大多數人普遍對這支股票有共識。

　　所以，「成交價」和「成交量」一定要一起看，否則盤中就算有一張搓到漲停就掉下來，表示成交量不足，不適合進場。

　　至於成交量為什麼要限制在 10 倍？

　　原因一，股票背後都是人為的，飆股背後一定有一股力量。如果今天成交量大於 10 倍，前面剛壓縮，才剛剛突破，在第一階段就爆了天量，

衝到 10 倍以上、20 倍、甚至 30 倍，想想，有這麼多人上車，你敢追嗎？

如果主力是火車頭，拖兩節車廂會動，爆天量的時候，後面拖了五十節車廂，要怎麼動？尤其散戶第一天就上車，後面主力要怎麼拉抬股價呢？

原因二、通常飆股背後一定帶來了很多好消息，散戶才會都想上車。不管是財報優於預期、營收創新高、未來展望，還是政策面都有可能，如果今天才剛起漲，卻有這麼多人能把股票賣出來，請問，當天是哪些人在賣股票？

假設不是當沖量，當然是原本就持有股票的人，而已經持有這支股票的人，通常也都是已經比較熟悉這家公司的人，請問：難道持股人不知道有這樣的好消息嗎？如果這消息真的是對的、正確的、好的，它真的要漲了，那麼，為什麼持有這麼大量股票的人，要在這天把這麼多股票出脫給下面的人？如果真的那麼好，試問，才剛經過壓縮，正要起漲，怎麼可能願意賣？

所以，一檔好的股票在飆上去前，應該要符

合漲停、無量（沒有人要賣）。

想通以上兩點，你就會知道，帶量，也是要思考一番的。

阿水一式第三招：起漲

重點一：突破

起漲的意思即「突破上通道」，也就是當天的收盤價高於上通道線。

重點二：收紅K

起漲當天，一定要是收紅K突破上通道的型態。如果當日是收黑K，代表開高走低，這就不是阿水一式要的強勢型態。

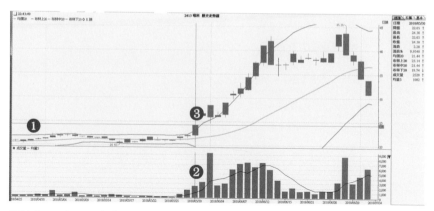

環科（2413）2018 年第二季飆股之一，起漲當天，收紅 K 突破上通道（❶壓縮 ❷帶量 ❸起漲）。

刪掉不適合買進的四類型股票，提高勝率！

　　找到上述符合阿水一式的飆股名單，並不是檔檔都會出現波段漲幅，有些成交金額過小的股票，有可能買得到卻賣不掉，或是股性溫吞的牛皮股，才剛漲就容易跌下來，都不適合進場。阿水自己會篩掉下述四種類型的股票，免得浪費子彈，務必將資金投入最佳標的。

不適合類型❶》成交金額小於 1000 萬的個股

成交金額過小的股票，市場不容易注意，也就是較難吸引後續買盤進來推動股價，而且還容易成為其他主力反狙擊的對象，因此，我會放棄這類股票。透過券商選股系統可以先過濾股價在 10 元以下、5 日均量在 1000 張以下的個股，也是一種篩選方式。我自己的操作習慣是：只要成交金額換算約小於 1000 萬元的小型股，就不操作。

不適合類型❷》牛皮股

不同股票會吸引不同個性與操作習慣的投資人，有些股票的特性就是牛皮，股價一跌下來，就容易有人進場買進，但漲上去就容易拉回，例如中鋼（2002）、中華電（2412）這類股票，一漲到布林通道上緣有可能就是上限價，易拉回；一跌到布林通道下緣就容易反彈，這類型股票，不是阿水熱愛狙擊的飆股。

不適合類型❸》前面壓力區極大的個股

有些股票雖然剛起漲，但很明顯看到股價壓縮前，有一個成交壓力區平臺很靠近現在的股價，換句話說，再漲沒多久就要遇到壓力，漲勢可能停下來。

所以我在選監控股時，就先刪除股價在 20MA 之下的個股，因為，這類股票漲上去很容易遇到之前六個月內買進投資人的解套賣壓，續漲空間不大。

不適合類型❹》疑似地雷股

通常只要符合阿水一式的股票，坦白說，不需要很重視基本面，唯一要注意的就是不要買到可能要下市的地雷股。因此我會看一下負債比率這個簡單的指標，若超過 50％就不會操作。

阿水一式找超高報酬飆股實例

　　上班族可以在中午休息時間打開看盤軟體，若有符合條件，就可以在收盤前以市價買進或起漲隔一天買進。如果符合阿水一式型態的股票且上漲力道強，則優先掛尾盤進場！以下的兩個實例（請見下頁圖表），都是學員們以阿水一式操作的實際案例。

 ## 經得起回測及考驗的「阿水一式」

　　在本書中，你會不止一次看到「回測」兩字。

　　從 2015 年我正式開班授課至 2018 年截稿為止，每個月漲最多的飆股，正好都是我研究出來的「阿水一式」選股中的標的。最重要的是，此技法的獲利實績，是經過台股 1600 檔以上的回測所驗證得出的。

　　為何我會如此重視回測？因為我希望研究出來的公式，不但要經得起時間考驗，同時也要有正期望值

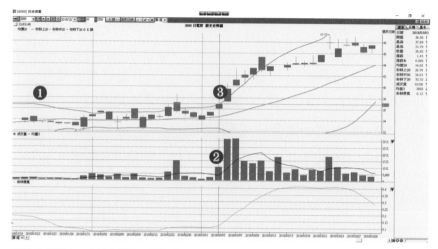

學員 A 以阿水一式挑出飆股日電貿（3090），一個月加薪 7 萬元。日電貿為 2018 年第一季飆股之一，3 月 5 日買進（❶壓縮 ❷帶量 ❸起漲）。

下單	當沖	商品	交易別	參考損益
下單		日電貿	現股	78,938

學員 A 的對帳單。

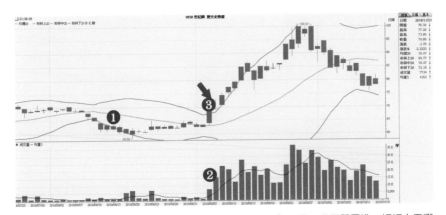

學員 B 以阿水一式挑出強勢股世紀鋼（9958），於 2018 年 9 月 7 日下單買進，短短十天獲利達 21.68%（❶壓縮 ❷帶量 ❸起漲）。

代號	名稱	類別	有效股數	可用股數	均價	現價	成本	市值	預估損益	預估報酬率
9958	世紀鋼	融資	13,000	13,000	70.02	85.10	910,564	1,106,300	191,457	21.03%
9958	世紀鋼	現股	1,000	1,000	76.90	85.10	76,931	85,100	7,880	10.24%
	總計：		14,000	14,000	-	-	987,495	1,191,400	199,337	20.19%

學員 B 的對帳單。

（扣掉交易成本後，仍然是正的），還要有一定的報酬率。

回測，需要精密的軟體及公正有經驗的第三者。幫我進行回測的嘉實公司來頭可大了，全台灣有七成以上法人使用的軟體來自於這家公司，全台灣九成的基金系統也使用他們的軟體。

於是，我將阿水一式的三個指標，再加上收盤時創六十日新高、成交額大於千萬，共五項指標提供給嘉實，進行獲利回測。嘉實依據這五項指標，把 2014 ～ 2018 年的股票全部進行程式回測後發現，按照阿水一式研究方式選出來的股票，全都是正期望值。最特別的是，雖然阿水一式的勝率是 40％，而且都是大賺小賠，所以最終算下來，年報酬率是 25％！

阿水的技法，不怕騙線

你已經迫不及待想要使用阿水一式了嗎？

別急！在這裡，我要提出兩個「反問阿水一式」的內容。

第一個問題就是：今天如果有個股在標準阿水一

式，股票準備往上漲時，遇到主力或炒股集團會怎麼樣？

當阿水教愈多人判斷買點時，對主力來說愈好，因為有量可以愈炒愈高，最好全台股都是這樣的個股，股民就會「法隨言行」，跟玄學講的術語一樣，講多了、成功了，就更多人跟隨，到最後變成真理。

看到這裡，有經驗的投資人一定會立刻想到：「跟著阿水一式買，會不會被主力騙？」「如果大家都跟著這個線形走，主力會不會就做給你看？」

放心，不會有騙線！

原因很簡單。還記得阿水一式要求「壓縮」嗎？

試問：如果一檔個股一直壓在 32 ～ 34 元之間，主力要怎麼在壓縮時賺錢？

沒辦法對吧！所以只能在價位間來回一直跑。

再來，講到起漲，一天了不起 10%，來到 37 元，然後漲停，主力這時候賺多少錢？帳面資料上賺 3 元，他只賺了 10%，何必騙散戶？主力絕不會只想賺 10% 就跑。

加上我總是教大家買進股票後，虧損負 5% 要跑；所以，假設主力收一萬張，如果此時想跑，可以分成

兩種情況：

第一，賺一點點就想跑。此時，會拉一根漲停之後想要騙散戶進來。可是我們的學員看到負5%就跑。如果今天主力買了一萬張，這一萬張還沒出完，就已經砍到32元，這時就賠錢了，所以主力不會在拉升第一根漲停的時候就要出場，因為主力怕如果在第一根之後跑，大家看到負5%也都跟著跑了，最後變成自己砍自己，沒有人要抱。

主力會希望大家都來抱股，也希望散戶覺得撿到便宜進場，而一旦離主力的成本區太近，從37～32元，也不過一根跌停板的距離，要是砍半根跌停主力就全跑了，想倒貨？一萬張當然是出不完，成交量了不起大概就2000張，這樣實在太不穩當也不划算。所以，主力當然不會想製造這樣的騙線。

第二，台股裡不會所有的飆股都是標準的阿水一式，請看下頁國巨的線圖。

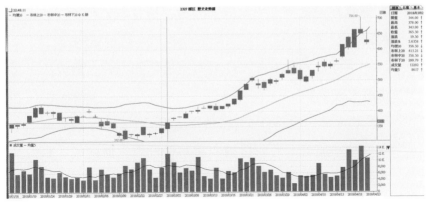

國巨（237）2018 年飆股之一，即非標準的阿水一式。

　　國巨的線型、起漲點和阿水一式完全不同。以阿水一式來說，只要跌破 20MA，我們就全出，對主力來說也沒差，反正後面有人會接。回到 32 元原點也還好，這個價格帶，大家還是會撿。所以起漲有力道，中間拉出一個空間，散戶有賺，主力也會賺（最怕就是有人去放空搶市，這時候就是和主力在對作）。

　　所以阿水一式不但不會愈多人學愈失效，反而是愈多人知道阿水一式愈漲。

　　每當有人問我：「水哥，如果阿水一式愈來愈多人用，你會不會怕？」，我總是回答：「不會，愈多

人學愈好，愈多人學愈穩，因爲起漲愈多，愈多人一起買。」

「可是，會不會因爲主力知道你的方式，變成故意誆大家？」

也不會，因爲負 5% 就停損出場了，主力不會有機會誆到。加上主力在持續收貨的情況下，他的成本跟我們也差不多，他也沒辦法賣。

所以，如果眞的漲不上去，那也是主力本身拉漲不上去，不會是主力要放空。投資人也不需要擔心跟著主力的動作跑，因爲只要跌 5% 就停損出場，跌破 20MA 也出場，不需要看籌碼擔心主力動作（說眞的，我們怎麼會知道主力有沒有對作？有沒有做多？）。

我以實證告訴大家，從 2015 ～ 2018 年，每年、每個月最漲的飆股，正好都是阿水一式選中的股票。

再多人使用也不會失靈

曾經有記者聽了我的技法後問：「水哥，你的方式很棒，但會不會因爲太多人使用就失靈？」

「不會。」這要從兩個部分看。

首先，股票不是零和遊戲。在股票市場上，「非零和」的觀念很重要。有一位數學老師，在 Youtube 上分享很多影片，當中也分析股市理財，主題是「為什麼大部分的人買股票都是賠錢？」

　　他雖然是很聰明的數學老師，也很厲害，但是他把賺的錢和賠的錢視為相對立，這個觀點並不正確。舉個簡單的例子：今天 A 公司在外面發行一萬張股票，市場的成交價是 100 元，所以一萬張如果由一萬個人共同持有，不管是已實現，還是未實現的，這張股票的價值就是 100 元，這時候每個人都在 100 元買進，我們的持有成本都是 100 元。

　　一旦有一個人想要用 102 元買，也有一個人要賣，那麼就表示，這位賣出股票的人賺到 2 元出場，替代進場的人成本是 102 元，其他 9999 人的持有成本還是 100 元。而，買下股票的可以是外面的人，也可以是既有的持有者，因為個人和股票是不用綁在一起的。

　　但是，股票在當下看的時候，每個人的未實現損益是多少？

　　就是 9999 張 102 元的股票，因為成交價已經跑到 102 了，視同一萬個人有 102 元的股票。原本的一萬張

100 元，變成了一萬張 102 元，這其中誰虧錢？沒有人虧錢！

既然如此，就不可能是零和，因為零和遊戲的規定就是你贏我輸、我贏你輸，而且任何時候賺與賠必須相等。但股票只是調整了其中一個人的持股，用 102 元買下。

或許有人會認為，買進的人不就是多花了 2 元？

不，他只是花 102 元買到一張股票，但他還沒賣，所以也沒有賺賠，目前的獲利是零。其他的 9999 人，每個人已經賺了 2 元，是未實現損益；而那位賣出一張的賺 2 元，是已實現損益；買進一張的賺零元，也是未實現損益，在這一局裡是正二、正二與零，請問一下誰是負二？完全沒有！

而零和就代表股票放空嗎？也不對。

如果是只能做於多空對作的當下才叫做零和（我賺的錢等於你賠的錢），但股票本身的設計就是非零和，不像選擇權和期貨就是零和。

那麼，股票如果不是零和，是什麼呢？

答案是「複合」。

在遊戲中，有兩個以上的獲利者就是複合。股票因為有政府作東抽稅，加起來的收益就是複合遊戲，再多人使用「阿水一式」方法，也不會失靈。

出場訊號：持股抱滿整個波段，出現以下訊號就賣出

我的操作經驗是從上班時逐步累積下來的，當時還在上班無法盯盤，所以一天只在尾盤決定買賣策略，這樣的情況建議最好使用現股操作，雖然現股的買賣成本較高，但是槓桿小，損益的波動也較小，所以最好採取長抱整個波段，不要輕易停利。

建議一旦出現以下任何一種訊號，即可賣出手中持股。

出場訊號❶》個股股價跌破 20MA

只要個股股價在 20MA 與上通道間，都算是多頭

走勢，我會續抱，但一看到股價向下跌破 20MA，就是警訊，接下來股價有可能落入弱勢的下通道，即便 20MA 還未下彎，此時就會停利出場。

出場訊號❷》大盤跳空向下，跌破 20MA 且下彎

當大盤有可能轉為空頭，或是過熱回檔，手上現股若是已經獲利，我會先賣出落袋為安。

出場訊號❸》大飆股三次攻過上通道，先停利

引用《春秋左傳》的一句話：「夫戰，氣也。一鼓作氣，再而衰，三而竭。」有時候股票狂飆數天後，就離 20MA 距離遠，此時不必等跌到 20MA 才停利，只要看到飆股第三次黏上上通道，再漲已有限，就可以停利出場。

出場訊號 ❹ 》買進就跌，快停損

　　現股買進後沒漲，反而跌破入手價位 5％，表示選股技巧不成熟，或是剛好遇到大盤轉空，愈快停損愈好。

Chapter 5

做空：
阿水二式讓你穩穩賺

阿水一式大成功後，愛給自己找問題的我，又自問：
「布林通道難道只能做多嗎？可不可以做空？」「現股
要做多還是做空，要如何看出來？」

　　於是，我把跌很慘的股票找出來，研究它們是否也
有共同特性。

　　賓果！布林通道不但可以做多，還可以做空。

　　至於大家最想知道的「什麼時候要出場」，也將在
本章公開。

 ## 四個要素檢視個股是否可做空

　　阿水二式與大盤的關係非常強。使用阿水二式時，
最重要的關鍵是：**當大盤燈號為紅燈時，就是二式登
場的時機。請記得：一式做多，二式做空。**

　　所謂的阿水二式，就是當一支股票跌破 20MA，先
來到布林通道下緣，接著反彈，但是過不了 20MA。阿
水二式的四個要素分別如下。

❶ 20MA 要下彎

下彎，代表過去 20MA 一天比一天低（指收盤時的均價），也表示，以收盤價來說，大部分的人都賠錢。

❷ 跌破 20MA

當股票跌多了後，很多投資人會搶著進場想攤平，指數就往上走，但大致到 20MA 時就又不動，然後就一路下滑。所以，放空點要在 20MA 附近。

❸ 財報走弱

也許你會覺得奇怪，在前文中，我都不提到財報，為什麼來到放空時卻要看？因為大部分人丟出來的股票，通常財報都很差，當財報很差時，更適合走這種技法。

❹ 連法人也在賣

當我發現一檔股票具備上述要素時，我就會在股票反彈過不了 20MA 時，在 20MA 價位附近放空，讓它愈走愈低、愈走愈低。

 跌破 20MA，轉弱！

在股市中，我們會常常聽到「股票轉弱」幾個字，你是否想過，到底什麼叫做轉弱？對我而言，要跌破 20MA 才有資格叫轉弱，沒跌破之前，我認為是稍微的回檔，剛好是要緊抱的時候。

台股的散戶有明顯共同的特性：買進之後如果小賠，打死不動；如果跌久反彈，開始想跑；一旦跌到深處，抱到死，等反彈。

所以，大部分的人等跌到 50％的時候，通常不會想跑，而當買進小賺的時候，也不會走。

當遇到過去二十日的月賣壓，而且沒有上升力道

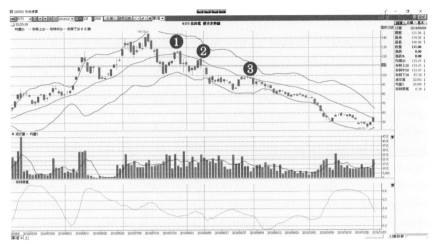

信昌電（6173）❶20MA 下彎 ❷反彈過不了 20MA ❸反彈過不了 20MA。

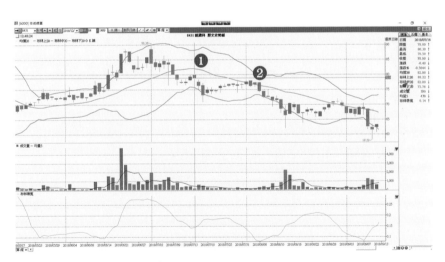

匯鑽科（8431）❶20MA 下彎 ❷反彈過不了 20MA。

時，表示主力不炒、持有的人都在賠錢，沒人想追高、沒人想攤平，最後沒價又沒量，於是開始一路下跌。

股票下市的徵兆

當一檔股票出現阿水二式四要素，且一直貼著下通道，連彈都不彈後，表示出現死亡徵兆，小心該股票準備下市。

在什麼情況下會知道明天可能會下市？注意！當股票底部突然爆量，但市場上沒有價的時候，此時表示大量投資人開始空單回補，因此，隔沒幾天就停止交易了。

以前的我曾經笨到以為股票下市之後，錢還會進我口袋，以為我空 70 元，那 70 元之後就會自動進到我口袋，殊不知空單回補通常在末期才會爆量，類似迴光返照，絕對不宜在此時大量搶進。

# 做多做空，順應盤流

2015 年，台股遇到空頭，接下來近三年，台股基本上都是屬於多頭，我的策略是：空頭就放空，多頭就做多。

但是我發現，很多投資人喜歡在多頭時，偶爾做多，偶爾放空；也有很多人喜歡在空頭裡做多。

別在多頭做空、空頭做多

當然，喜歡怎麼做是個人的選擇，不過在多頭放空、空頭做多，就好像今天去海裡捕魚，明明有 80％ 的機率可以捕到魚，20％ 的機率捕到蝦，可是你偏偏要去捕蝦，出海的時候只帶著捕蝦的工具⋯⋯八成的漁獲都是魚，卻執著在捕蝦，到底是為了什麼？

這種「大家都在捕魚，只有我可以捕到蝦」的行為，對我而言是無法理解的，因為，我要的是能賣好價格的總體漁獲。換句話說，當大盤空頭時，海裡 20％ 是魚、80％ 是蝦，明明應該帶著捕蝦的工具，卻偏偏

要捕魚，然後還說：「看！還有魚耶，你們不應該佩服我嗎？」

以大盤來講，明明是多頭的時候，卻在上漲時追下跌，想在 80％ 機率上漲的股票裡找 20％ 下跌的股票，這樣其實很危險，這個危險點在於 —— 它可能隨時就漲了。

股票是可以轉換的，很可能跌兩個月之後突然變漲，在多頭時，一再下跌的股票，也有可能被救回來。以 TPK － KY 宸鴻為例，TPK 在 2015 年時狀況不佳，公司都快要把糊口的廠房賣掉，但後來 TPK 因為大盤復活，並沒有持續下跌。

多空亂做小心慘賠

除了該補魚卻跑去補蝦外，也有一些投資人喜歡多空亂做。

很多人不只要 80％ 的魚，他覺得出海除了帶漁具，也要帶捕蝦工具，既做多也做空。不瞞各位，當年，我會賠很慘的原因就是因為多空亂做，並且認為強勢股已經太高了，因此放空強勢股，買股又喜歡逢低承

接，於是就完了！

2015 年時，我以阿水一式從 40 元開始買進宏捷科，看著它開始一路飆升，在接近 97 元左右時，突然很多股市討論區的股民熱議說要放空宏捷科，「因爲宏捷科即將要破 100。」

在很多股民眼中，100 元即所謂的「三輪車」，意思是，當股價到了百元俱樂部，過程一定會有震盪，而就是這種「感覺」讓人對於 100 元有些想法，彷彿「朕不給你 100 元，你不能過」，於是，很多人在 100 元時放空宏捷科。

結果，宏捷科果然開始一路跌，剛好在 20MA 時止跌。於是，很多放空 100 元的人當然繼續看空。不料，宏捷科卻有三輪車的能耐，沒多久就往上衝，衝到 120 創新高，放空的人就算強制補回也賠錢，成本反而墊高，實在很遺憾。雖說如此，宏捷科卻也在 2018 年出現符合阿水二式的條件。

空強勢股和買抄底股，我都曾經做過，但只是圖個爽字。現在的我，魚多我就補魚，蝦多我就網蝦！

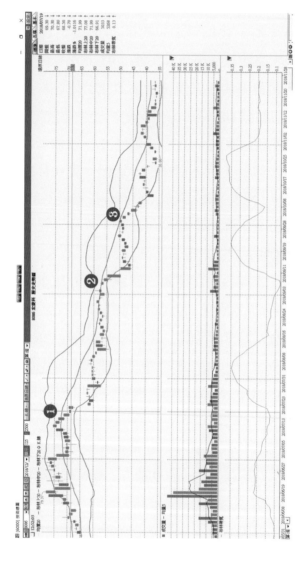

宏捷科（8086）❶20MA下彎 ❷反彈過不了 20MA ❸反彈過不了 20MA。

用阿水二式幫股票做健檢

阿水二式除了可以用來做空，判斷大盤紅綠燈外，還有一個很棒的功能：幫股票做健檢。

下頁圖是宏達電從 1300 元往下跌的型態，就是走標準的阿水二式，一路跌到連 20MA 都過不了，此時卻有人攤平，有人低接，於是又再反彈，但是到真正均價線的時候就缺乏進攻力道，所以是很標準的阿水二式：法人棄守，財報不佳，放空在 20MA，如果 20MA 再下彎，就完全符合了。但是這時候大盤是做多的，在多頭的時候，如果手上的股票走阿水二式，一定是個股本身出問題，此時該怎麼辦？

再舉一個例子。南亞科股價從 97 元跌到 56 元，也是走阿水二式。

請自行評估，當阿水二式出現在你投資的個股時，個股的虧損你能不能撐得住？如果你撐得住，你真的有想要長期投資，那麼，你想要忍多久？

大立光走過阿水二式，宏達電走過阿水二式，南亞科走過阿水二式，宏碁走過阿水二式，TPK 也走過阿水二式，只要是個股出問題的，通常都會走過阿水

宏達電（2498）❶20MA 下彎 ❷反彈過不了 20MA ❸反彈過不了 20MA。

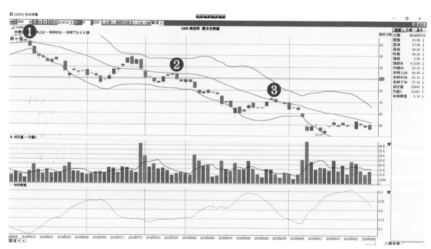

南亞科（2408）❶20MA 下彎 ❷反彈過不了 20MA ❸反彈過不了 20MA。

二式，這個情況永遠不會消失，即使當時是多頭市場。

在大盤多頭時看到個股走阿水二式，要怎麼思考呢？我的建議是，假設投資人以 100 元在 20MA 買入，發現它彈兩次，且 20MA 是下彎的，那麼，在 95 元出場觀望比較有利。

如果是在 80 元買的，看到走阿水二式，也許可以再等等，因為它可能真的只是二式走完之後盤整，才要重新上去，這也有可能。

走阿水二式並不表示這支股票爛掉。阿水二式只是告訴你，如果有以上的情況發生，且財報轉弱、法人也棄股，該個股將有一段股勢會走弱，此時請自己去思考，該不該停掉？該不該跟著它往下？還是應該要等它不走阿水二式的時候買回來？這些才是最重要的。

很多人對大盤交易有迷思，永遠只有買跟不買、抱跟不抱，沒有中間那一段「我可以先出場留著等你」的想法。尤其是原本看這支股票是多方，中間卻遇到阿水二式情勢走弱，大多數人沒有先出場思考的概念，所以也就迷失了。

技法還可延伸應用在「大盤」與「個股」

很多人問，還有阿水三式嗎？先說一個真實的笑話。有位學員參加尾牙，突然聽到同桌的 A、B 兩人在討論投資：

A：「你聽過有一個人叫股市阿水嗎？聽說他很厲害！」

B：「有，我知道他有阿水一式跟二式。」

A：「不知道有沒有三式？」

此時，另一個人 C 突然插話：「我聽說有，但是你得先參與很多他的課程，才能上到三式，因為三式是賺最狠的。」學員聽了，馬上在 Line 群組現場直播這些對話，看得我都想與 C 通話，請他告訴我阿水三式到底是什麼？

雖然沒有阿水三式，但是布林通道除了可用在本書寫的台股買賣外，還可以用在權證、個股期貨、期貨當沖、選擇權。

第一塊應用在「大盤」：我會用布林通道做台指期當沖、選擇權波段（我個人操作買方）及判斷現股

是不是安全。

　　第二塊應用在「個股」：分別是權證、個股期及個股當沖（我現在已不操作個股當沖）。除了個股外，其他如選擇權、權證等方式在技術面上的應用比較複雜，在此就先不著墨。

Chapter 6

正確思考，
助你選股更清明

由於阿水一式的訊號清楚簡單，很多投資人在學會阿水一式之後，立刻迫不及待的檢視手上的持股，或者想在市場上尋找下一支有機會成為飆股的黑馬。

且慢！

成功的起點，從思考開始。問對問題，非常重要！錯誤的問題，就像橫在路上的大石頭，將讓你走錯路。

本章，我將告訴大家，怎麼思考才正確。

只看籌碼判斷？
被洗是剛好而已！

「水哥，你看○○股票，大戶賣很多，是不是代表這家公司接下來有問題啊？我要不要乾脆認賠殺出？」

「水哥，這一檔看來是需要跑，可是主力還沒跑耶，那我要不要跟著他？搞不好他知道什麼內線？」

關於這類問題，如果你是使用我鑽研出來的選股方式，那麼，這些問題就不會這麼困擾你了啊！

你是否想過，大戶、大股東為什麼要賣股票？

大股東也可能很缺錢，像是兒子要結婚，需要付頭期款買豪宅，所以想先賣股票，就算不質押也要賣。

然後，這件事情在籌碼上看到的卻是：「某某大股東拋售持股 3000 張」。

於是，散戶們就會猜測：「他為什麼要賣 3000 張？是不看好後勢嗎？」

有時候，對大戶來說，賣股只是一種部分資產的調節，而當我們很習慣只用籌碼指標下判斷的時候，等於是在不知道情況下做決策，不一定是對的。

在成為專職股票投資人前，我在資訊產業工作，公司的股票也在那斯達克上市。這個產業非常重視一句話：「Garbage in, Garbage out.」（垃圾進，垃圾出。）意思是，今天進來的資訊是錯誤的，做出來的判斷就全都是錯誤的；如果會對，純粹是運氣，而不是實力。

這個觀念一直影響著我，在分析股票時也是。

我—不—要—垃—圾—資—訊。

與其做 Garbage in，何必去浪費時間？

每個人每天都只有 24 小時，如果一直都把時間花在「為什麼要賣這麼多張？」「財報是不是有什麼問題？」不但會陷進去，而且得到的答案還不是正確的。

有些人會迷失在籌碼裡，明明已經跌破某個停利點了，散戶會說：「可是主力還沒跑耶，那我要不要跟著他？搞不好他知道什麼內線？」結果就跟著抱上抱下，後來時間一拉長，主力幾乎完全不動了。問題就在於：股票有太多方式讓主力跑掉。

大戶的身家如果是 50 億、100 億，就算在股市賠掉一億，也不會痛，但小市民的我們，則會用自己的眼光來看，覺得「哇，他買一億耶，他都不跑，這支股票一定很厲害！」別忘了，一億對大戶來講是小錢，有就有，沒了就沒了，放著也無所謂。

如果，你因為看大戶買了某檔股票一億不跑，就投入全部財產一起玩，這種因為信任大戶操作的方式，非常危險。

大戶沒有義務包贏，大戶也沒有所謂的不賠錢法則。

相較於大戶，散戶可能是押上年終獎金，甚至押

上身家，等到最後跟著大戶腰斬出場時，才驚覺「大戶怎麼這樣子？」

再說一次，大戶不在意，可是你必須在意啊！

所以，我總是不厭其煩的對學員說：「**不要習慣對一個你沒辦法控制的數據做推斷，因為那個是垃圾，用垃圾推論出來的，還是垃圾。**」

關於籌碼，最多人問到的是「主力收籌碼」。

散戶們看到主力收籌碼，都認為這檔股票跟著買，一定不會有錯。但我會告訴學員，關於主力收籌碼，有許多的可能：

□ 是否為了股東會，想要搶席位？

□ 可能是在調節手上的持股，想要補足某一塊？

□ 會不會是買給誰看？

□ 有沒有可能是持有可轉換公司債？

□ 主力說不定也持有權證？

在完全不了解的情況下，如果只因為主力收了這麼多的籌碼，就貿然判斷現在一定要炒股，是很危險

的。

市場上，有太多人屬於直來直往型，以爲這樣進來，就一定這樣出去。誰說的？股票市場爲什麼這麼複雜？就是因爲不同的手法，卻能用相同的方式表現給散戶看。例如：先故意洗盤，洗完之後，做一段高壓力區，再一次拉上去。你根本不知道主力背後究竟有多少資金。

對主力來說，這些都只是洞悉人性，而散戶，就是被掌控的那個人。

如果，你已經受夠被主力掌控，也不想再用一樣的方式投資股票，那麼，請繼續看下去。

沒有股票可買，就別買！

　　按照阿水一式的方式選股，絕對不是每天都有適合標的，很可能一一篩選後，出現一個情況：沒—有—股—票—可—以—買！

　　注意！如果當天沒有合適的股票，就不要進場，好股票很多，留著錢一定會用到！就像2018年，我們從8月8日～8月15日只挑出三支符合阿水一式的股票，但支支都是精挑細選。

　　錢，真的要用對地方，千萬別隨意亂灑！

不必解析單支股票 K 線長相

散戶有機會看對某一檔股票獲利了結，但，很難長期在股票投資上獲利。因為，散戶有散戶的盲點，必須解盲才有機會在股市這條路上走得長長久久。

在粉絲專頁及社團上最常遇到散戶問：

「水哥，今天這支為什麼跌？」

「今天這支 K 線為什麼長這樣？」

抱歉喔！我絕對不針對單一根的 K 線棒做解說。

舉個例來說，在教學時，我從來不告訴學員某某股票留上引線會怎麼樣？我在意的是：今天是起漲第一天，上引線很長有其意義；假如股票已經漲上去，而且也走在我研發出來的阿水一式型態，那麼，今天不管是漲是跌，根本不必在意。

為什麼？當今天股票上漲，大家有各自的看法，或許 A 想賣、B 不想賣──關於今天要賣股票的人，背後的動機是什麼，人們絕對不知道。

同樣的，下引線長也沒有太大的意義，歷史上多的是上引線長但後來股票上揚、下引線長但之後股價下跌的例子。

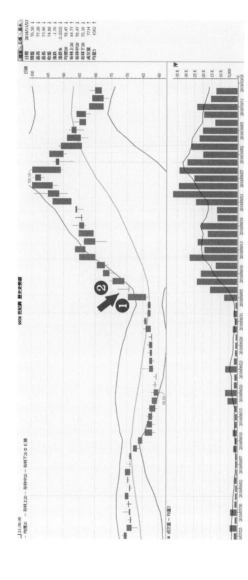

世紀鋼（9958）2018 年 9 月 5 日符合阿水一式選股三大條件（❶進場），而隔日 9 月 6 日收盤時留長上引線（❷），後來股價仍持續上漲。

遲早會漲？
停損愈慢回補愈差！

請問：「你對於股票投資，是否有設停損？你的停損設多少？真的會嚴格執行嗎？」

投資人的疑難雜症中，有一個很大的問題是：「看好它會漲，繼續拗！」

你是否想過，當你賠了一半，必須要再賺到一倍以上，才能拗回來嗎？投資股票，不可能每次都賺錢，因此，我非常重視風險與停損點，絕對不讓賠的吃掉賺的。我花了非常多時間研究停損點，最後將停損點設在5％。原因在於，當我們設5％出場，可能因為操作時間或其他無法控制的因素，實際情況很可能是虧損5％～10％之間才出場。

以100萬為例，虧損10％的時候，出場時只剩90萬，接下來只要多賺11％就回來了（100／901.11）。但是，當賠50％出場時，接下來我要賺100％才能回來！從11％到100％，差距是多麼的大？

所以說，停損愈慢，回補愈差。

因此，我會將停損設在5％。

然而，很多投資人無法接受及早停損。「未實現」好像還有很多可能，但「已實現」就感到痛苦。

　　對我來說，未實現就叫做「未來」，未來要靠自己掌握。明知道個股走弱，卻不肯出場，失去的除了金錢和時間這兩個機會成本外，當虧損無限制的擴大，股價跌了 50％時，你真的敢動嗎？

　　投資有賺有賠，我接受被洗盤出場，但是我不能接受我的未實現損益已經到負 50％，賠 50％後還想要賺一倍，就好比在場上打擊率很差，卻說沒關係，只要期待接下來每次上場時都打全壘打，打擊率就能追回來了一樣，可能嗎？

　　所以，我非常重視停損。**阿水一式設定負 5％停損**，實際停損可能因為人為或時機因素落在 5％到 10％，等於 90 萬出場，下一支只要賺 10％就可以回來了。

　　以前我曾經是「拿薪水補本金」的投資人，再怎麼賺都賺不到原本的本金；有了前車之鑒後，我知道如果沒有先設定停損的出場點，將非常容易在股海中迷失。

因為痛過，所以要避開，讓它不要再來。

主力怎麼做？不必管！

在演講時，我最常被散戶問到：「為什麼我買的時候它都不漲，我賣掉了以後它就漲？」此時，我就會告訴大家，我看過的一幅漫畫。

漫畫中，一位主力坐在電腦前說：「這裡還有兩個散戶，有兩張不賣，所以我不拉。」等到兩個散戶把股票賣掉，主力說：「散戶都沒了，好，現在我們可以拉抬股票了。」

散戶不懂為什麼買的時候它都不漲，賣掉了以後它就漲？

其實是因為，主力非常了解群眾心理，他們清楚知道今天漲跌要做到什麼程度散戶才會痛，故意讓散戶覺得今天漲停鎖不住，你會覺得盤勢很弱，卻不知道，其實沒有鎖漲停反而不用花那麼多錢（看！不需要鎖漲停，就能讓你以為漲停鎖不住），於是，散戶

就會想賣出，賣出的隔天，再來個跳空漲停……這樣的例子太多了。

來說說 A 先生的例子。

A 先生是華新科的愛好者，從 100 多元抱到 300、400 元，賺了 270%（而且是現股，請見第 153 頁圖表）。分析他從 100 多元開始抱到 200 多元的過程中，如果他用任何一根 K 線做判斷，甚至是酒田戰法裡的黑三兵、陰包陽，你覺得他會不會跑？

一定早就被洗掉！（請見第 152 頁圖。）

前面的章節中，你已經看到我使用的方式是以型態為主，並且重視紀律，沒到停利點就續抱，到了停損點就賣出。所以，當學員問我：「水哥，今天漲停鎖不住，盤勢是不是很弱？」時，我會反問：「你的停利點到了沒？還沒，那就續抱！」

我們也有一個學員 C 先生在公家單位上班，鎖定日電貿，最初都用 K 線做判斷，導致心情忽上忽下，後來他決定採用我的方式，沒破停利點就不跑，就這樣一直抱，從起漲日開始一直拉到破線還在拉，這中間雖然曾經跌停，卻沒有破 20MA，最後，還是拉上來，

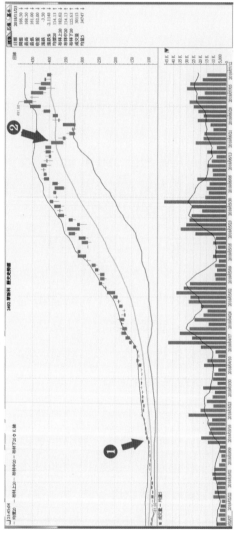

A 先生的華新科（2492），持股跟著型態及阿水的方法（❶進場），破 20MA 停利點（❷）才出場，最終享受甜美的果實。

股票	庫存	市價	市值	均價	成交價金	自備款	保證金	擔保品	賣出手續費	融資餘額	應付利息	應收利息	損益試算	損益率
華新科	1,000	415.5	415,500	109.16	109,155	0	0	0	592	0	0	0	304,507	278.97
大國鋼	2,000	31.4	62,800	30.1	24,285	24,200	0	0	89	36,000	25	0	2,213	9.11
大成鋼	3,000	37.85	113,550	37.3	45,059	44,900	0	0	161	67,000	58	0	932	2.07
玉晶光	1,000	469	469,000	452	226,644	226,000	0	0	668	226,000	475	0	13,806	6.09
奇力新	1,000	175	175,000	113	46,161	46,000	0	0	249	67,000	317	0	60,748	131.6

A 先生的華新科（2492）持股獲利對帳單。

一樣享受到甜美的果實。

與其猜主力怎麼做、避免主力會怎麼洗你，不如就像武俠小說寫的「他強由他強，明月照大江」。你唯一要做的，就是抓好你的停利點。停利點要怎麼建立？很簡單，看大局，看型態。

在台股裡面，通常來說，抱的時間最合理、獲利期間最豐盛的，抓一個平衡點就好。

對我來講，平衡點就是 20MA，跌破均線我就出，我不管你是不是假跌破，有心要洗這個均線的人會去洗，我也不用去猜，因為我的資金我主管，從這檔出來，我還可以挪去買別的股票，不必再讓心情忽上忽下洗三溫暖。

財報好卻一直跌的原因是？

在股票論壇上最常看到一個問題：「請問各位先進，為什麼○○股票財報這麼好，股價卻一直跌？」

此時，就會有人跳出來寫：「因為你耐不住等待。」

問題是，到底要等到什麼時候？等多久？

認識我的人就知道，我不花很多時間在找資料做單支股票研究，並不是我沒有學過看財報喔！事實上，在學習股票之初，我也花了非常多時間及金錢向檯面上投資人大都聽過的名師學習，一堂 7、8 萬元的課也上過，還花了非常多時間研究財報，甚至寫了一個 Excel 程式。我將當時最知名的財報大師提到的重點寫入程式，並且將二十幾個項目都找出來，這個網頁沒有資料，就去那個網頁撈資料，寫成一個自動化的搜尋表，最後完成時，只要輸入股號就可以撈到各種資料，包括歷年股利分發、波動比率、股東報酬率、代投資比率、存貨週轉率……甚至還可以畫成圖，一目了然。結果呢？賠得更慘！怎麼會這樣？

不是這個方式不好，而是我根本不知道股價什麼時候會發動？

大師說，只要符合這些項目就是財報好，會漲；卻沒有說什麼時候是切入點？什麼時候是出場點？

「請問是財報轉不好之後要賣嗎？」

「大師，你告訴我這檔股票會好，我到底什麼時

候賣？股價翻一倍賣？股價漲 20％賣？還是哪個時候賣？」

對此，我完全沒有頭緒，沒有停利點，也就永遠不知道期望值。

財報很好，可是如果切入點不對，又沒有停利點，我根本不知道怎麼玩。

在研究財報時，我也被五個字給搞死──「與同業相比」。

大師說，很多數字都要與同業相比，不料賠更慘！因為，買進之後它可能不會動，甚至還會下跌，而因為覺得它是好股票，所以在下跌時我習慣買更多，下跌之後上來了，要怎麼辦？我根本不知道要什麼時候出場？結果，我還沒有抱到要出場的時候，它又下來了。

如此一直上上下下，我開始心煩了，到底是要玩一兩年，還是十年？

後來，只要有消息風吹草動，例如財報不如預期，又跌下來，我又輸掉。結果，我就是好好的一筆錢進

去，軋了兩圈之後，我發現真的不能再這樣玩了！因為：

第一、資金沒辦法運用，因為我的錢都卡在價值投資法。

第二、我進場洗了一遍之後，出場卻是賠錢的。

所謂的賠得更慘，是因為我發現，自己更沒有方向了，明明我認為已經在做正確的事情，可是卻不知道何時該進場、出場？

「這不對啊！」我心想，一定要用個方法，讓我知道什麼時候是進出場點，如果沒有，這方法再好，都不適合我。因為，我不可能每季的10號都在等財報，然後才能買股票。又有大師說每一季玩一次，結果發現，財報好的那一季，股票完全沒漲，股票不好的那一季卻先跌。

這麼一來，我的投資在正負之間上上下下，一季減少10%，一年只能玩四次，加起來共減40%，多玩幾次，我的人生投資就沒了。我們的投資都有年限，這方法或許好，或許可以選到好股票，可是它太難等太難懂，不是我要的。

我的問題，連名師上課時也說不出個所以然！於是，我放棄了。我不再花這麼多時間研究單支股票，一來是確定自己要的獲利方式並非長期投資，而是波段；二來是我發現研究財報，不一定真能等到價值實現的那一天。

最近，我遇到一位對於財報研究得更為透徹的長輩，他聽到我還自己寫軟體撈資料時說：「小老弟，你幫我看一下○○股票，它的土地、廠房、約當現金及在外流通股數，再怎麼算都不該低於 100 元，所以我想趁它跌的時候又再加買，你覺得怎麼樣？」

「我是不看好它啦！」我怕太打擊長輩，沒有直接戳破。

「可是，今天就算它破產了，還是有每股 100 元以上的價值！」長輩說。

「你說得沒錯，但是這個每股 100 元以上的價值，是『當公司破產時，清算出來的價值』，但我們今天買的是股票，不是要清算公司。」

我認為，**投資人不該將公司資產的高低，與現在股價的高低做比較。**

又有一次，我在股票論壇上聽到幾位仁兄討論某一支股票，其中一位提到：「這一檔從 400 元跌破 20MA 後，等到下一季營收進來，就一定會漲！」殊不知這家公司的老闆在圈內被流傳喜愛炒股票，公司的股價高低，真的跟財報一點關係都沒有！而且老闆的操守道德，從財報上是完全看不出來的。

股票的價格，其實已經短線反應出市場上的消息面、基本面，以及財報對股價的影響。因此，我們不必花很多力氣在追尋股市明牌，只需專注在價量的關係上就好。公司價值要表彰在公司股票的股價上，需要足夠多的時間，通常都是以年計，例如：巴菲特的價值投資法，就是利用夠低的價格，來等待符合更高價值的股價，而且基於資訊的不對稱性，身為散戶的我們，很難拿到第一手且迅速的報告，更難以觀察公司內部的營運狀況。

所以緊盯股價的不正常活動，就極有可能是握有內線或掌握第一手消息的人士大量買股及拉抬股價的現象。

有一句話叫「Buy and forget ！」但，真的很容易變成「Buy and gone ！」

2000 年，《財星》雜誌曾刊出一篇文章，作者選出 10 檔他認為應該至少持有十年的股票，分別為諾基亞、北方電訊（已清算）、安隆（造成多數投資人血本無歸，連國家退休金都受害）、甲骨文……國外的書籍針對這樣的投資組合，給了十二年的發揮期，結果……這樣的投資組合，總共損失了總資產的 74.3％。

看！連「價值投資法」的大國「美國」都出現這樣的情況，你，還在死守財報研究嗎？

商品	開盤價	收盤價
Nokia	54	4.22
Nortel Networks	77	0
Enron	73	0
Oracle	74	34.22
Broadcom	237	33.28
Viacom	69	54.17
Univision	113	0
Charles Schwab	36	14.61
Morgan Stanley	89	14.2
Genentech	150	95

※資料來源：Investing Through the Looking Glass: A Rational Guide to Irrational Financial Markets

存股好？存對股才好！

　　接下來我所提到的，可能會讓一大票存股投資人不爽，但如果你對於存股有很大的興趣，或者正在存股中，那麼更加要看。

　　存股，沒有不好；壞就壞在，你存對股票了嗎？

　　二十年前，台股有超過 301 檔股票（不包括已下市），當中能「連續」發股利二十年的公司，只有三十一家（計算至 2017 年為止）；而在這三十一家中，近十年殖利率超過 5％ 的個股，不到 1.6％。

　　每當有學員問我：「老師，你覺得○○股票存股好不好？」我就會反問：「你如何有把握確定，你所選的存股，在二十年後仍然活著？如果還活著，又該如何確定它的配息？」

　　如果，你是一個想用時間換取獲利的投資人，那麼，除了上述兩個問題需要思考外，你是否想過，萬一需要用錢，不得不動用到存股，而存股「不巧」股價剛好在跌深的價格，此時是要賣股還是不賣股？

「聽起來好恐怖，還是不要存股好了？」一位學員說。

　　不，其實我也有存股喔！

　　只是，我存的是 0050。

　　從報酬率來看，根據證交所回測資料，無論何時進場，0050 的年化報酬都在 7.22％～ 9.39％間，就算是在金融海嘯前 2007 年進場，定期定額持續操作 0050，年化報酬率也有 7.52％（計算至 2017 年 11 月底）。

　　再從配息來看，0050 在過去已經連續十四年配發股利，平均 27.7 元。我雖然研究阿水一式及二式，但在近年，我更重視資產配置與風險管理，所以也會將 0050 納入，做為配置中的一小塊。

　　不過，0050 也非全無風險。

　　首先，買賣持有方式要正確，買入後，要看加權指數「調節買入金額」，並建議不要全數或大量出清，以免買不回來。其次，過去的績效不等於未來，即使有連續十四年 27.7 元的配息，但買在 2017 年 81.5 元，且持有時間不夠長的人，一旦遇到台股長年低於 5200 點，也可能會持續虧損。

我是一個喜歡思考的人，對於任何我曾經接觸，或是正在進行的投資方式，都會不斷的反思。同時，我也鼓勵來上課的學員、聽我演講的人，以及正在閱讀本書的你，即使認同我的投資技法，也請多思考。

　　對的問題，將會讓你的生命更美好！

如何培養終極交易腦？

交易，是一種易學難精的東西。

因為你面對的除了市場，還有自己。

看著股票反彈，想著抱久一點，果然在反彈了！最後股票殺尾盤，又想著自己幹什麼這麼傻，不是說好要停損了嗎？

抱著一檔股票上漲，想著抱久一點，這次要讓獲利奔跑。看到股票有點兒轉折，賣光後結果又拉尾盤，想著自己幹什麼這麼傻，不是說好要讓獲利奔跑嗎？

人腦，就是這麼不可靠的東西，賠的一直抱，賺的抱不住。明明很多老師都在教停損停利點，大部分的人卻總是做不到。所以交易很好學，但很難專精。有時候也不是人腦的問題，是因為動

物容易被制約，最慘的是：

我們是人，也是動物，所以逃不出這個天性。

談到心理學，就必須提到「操作制約」。

各位可能都聽過「古典制約」——當主人在餵狗吃飯前先搖鈴，往後，當狗聽到搖鈴時，就會流口水，覺得有飯吃。「操作制約」則是：一個行為產生一個結果，再以結果決定之後是否會再重複這個行為。

這問題就大了！不只大，而且大到可以說全世界無法靠交易穩定獲利的人，都是因為操作制約所帶來的後果。簡單來說，一個行為背後都有可能帶來鼓勵或懲罰。例如：如果我們讓一隻猴子每按一次又圓又大的按鈕，就會掉一個他喜歡的零食，那麼按鈕這個動作，最會讓他產生正向的連結。

相反的，如果每按一次又小又方的按鈕，就會被電到，那麼猴子在幾次之後就會知道，這個按鈕不要按。

看到這裡，你會想：「這我知道啊，但這跟交易腦、跟交易人本身有什麼關係？」關係就在

於：「交易本身常常是『同一顆按鈕，不同的結果。』所以人做了同一件事，有時被獎勵，有時被電。有時你是因為抱緊股票，獲利滿滿；有時你抱緊股票，卻跌的很慘。

虧損時也是一樣，有時你砍掉股票，它就漲了；有時你砍掉股票，卻砍對了！這種執行同一個動作，卻帶來兩者截然不同的結果，就會在我們腦中產生極大的衝突感，因為我們習慣的操作制約是混亂的。

就好比如果你有小孩，他今天收好玩具，你給他糖吃；明天他收好玩具，你卻打他屁股，你覺得他的心理不會扭曲嗎？

而市場就是：你今天這樣做，有糖吃；明天一樣這樣做，卻被賞了一巴掌！說到這，你一定會覺得「對，那怎麼辦？我都快被市場教成精神分裂了。」在討論怎麼辦之前，我要再以相同的例子告訴大家：「技法，不用再四處去學了。」我不是一定要大家跟我學，而是，學技法這件事本身就是治標不治本。

為什麼？我們都知道市場會有這種魔性的鼓

勵跟懲罰，所以你換了技法，只是換了「另一顆按鈕」，但這顆按鈕不可能 100％都是獎勵，一定也會發生同一個動作，會有獎勵也會有懲罰的問題。所以，當你四處追尋所謂的聖杯，最終你還是會面對「我今天該把玩具收好嗎？爸爸今天會打我巴掌還是會給我糖吃？」的問題。那麼我們該如何面對這個問題？又該如何訓練交易腦？才不會成為心理扭曲的投資人？

第一個要點是：你所學習的交易方式，必須是正期望值。也就是指，獎勵最終比懲罰多（這點我在本書中強調不只一次）。

第二個要點是：上一個要點中所謂的獎勵，可以是次數多、獲利低，也可以是次數少、獲利高。你要找你受得了的來學習！

什麼意思？

假設一個鈕按下去，十次會有七次獎勵一根香蕉，三次小電擊；另一個鈕按下去，十次會有四次獎勵兩根香蕉，但有六次電擊。有些人受得了前者，有些人則喜歡後者。這除了個人的心理有不同的承受度外，也跟你的資金承受度有關。

有些人能接受一次抱緊就獲利 20％以上，勝率低一點無妨；有些人是受不了虧損的感覺，但可以接受賺少一點。

而市場不存在「十次有九次都是獎勵兩根香蕉」這種好事。

上健身課時，教練都會說「No pain, no gain!」（沒有痛苦，就沒有進步），交易也是一樣。但我要提醒大家，不要誤以為「風險高，獲利就高」，這是市場上非常錯誤、卻被許多人誤以為是真理的假話。

如果你以操作的「槓桿」來看這句話，它是對的。例如：我操作現股，跟操作股票期貨來看，前者是 1：1，後者是 1：7，賺得多、賠得也多。但這只是指商品種類。而策略上卻有可能出現「風險高，賺得少」，只是賺的次數比較多而已，例如：選擇權「賣方」就是。不相信？那麼看看在 2018 年 2 月 6 日，有多少人十分鐘負債上千萬？

那麼，我們該如何擁有交易腦？總結如下：

選擇正期望值的交易方法（至於怎麼選擇？

我現在看了全市場，好像我是屬於最完整的回測？！）

選擇適合你的進出場（包括選股、進場、停利、停損），如果老師教的東西不符合你的個性，先試著調整自己；如果真的不行，就問問老師，在不過度影響獲利與虧損的情況下，有沒有比較適合你自己的微調法？

相信台股市場一定有「做多技法好做」及「做空技法好做」的期間，你要做的就是：「學會知道現在該做什麼事！」

相信市場沒有聖杯，有的只是找到正期望值的交易方式——不要浪費時間在修改別人的交易系統。

最後，我舉一個例子來說明。電影「決勝21點」的算牌法其實只是藉由算牌計算出牌靴裡還剩多少大牌，讓莊家在補牌時超過21點（不會玩牌的人看不懂沒關係）。我只是要強調，有些人可能會以為會算牌之後，下大注就會贏錢。這是大錯特錯的！有時還是可能在計算後依舊發生輸錢的情況。但是，因為你站在較有利的那一方，

只要時間夠久，下注策略與資金策略正確，你是
能贏錢的。

　　想通這一點後，連同前述總結的四點，我們
就能夠培養比以前更清楚、更不慌亂的交易腦。

國家圖書館出版品預行編目資料

年年翻倍！多空都贏的飆股投資法／股市阿水 作.
-- 初版. -- 臺北市：方智，2019.02
176 面；14.8×20.8公分. --（生涯智庫；166）
ISBN 978-986-175-513-7（平裝）

1.股票投資 2.投資技術 3.投資分析

563.53   107019931

www.booklife.com.tw   reader@mail.eurasian.com.tw

生涯智庫 166

年年翻倍！多空都贏的飆股投資法

作　　者／股市阿水
文字協力／廖翊君
發 行 人／簡志忠
出 版 者／方智出版社股份有限公司
地　　址／台北市南京東路四段50號6樓之1
電　　話／（02）2579-6600・2579-8800・2570-3939
傳　　真／（02）2579-0338・2577-3220・2570-3636
總 編 輯／陳秋月
副總編輯／賴良珠
專案企畫／賴真真
責任編輯／鍾瑩貞
校　　對／鍾瑩貞・賴良珠
美術編輯／林韋伶
行銷企畫／詹怡慧・王莉莉
印務統籌／劉鳳剛・高榮祥
監　　印／高榮祥
排　　版／陳采淇
經 銷 商／叩應股份有限公司
郵撥帳號／18707239
法律顧問／圓神出版事業機構法律顧問　蕭雄淋律師
印　　刷／國碩印前科技股份有限公司
2019年2月　初版
2022年4月　6刷

定價 330 元   ISBN 978-986-175-513-7